Wolfgang
Kawollek

Bonsai für das Zimmer

Sechste, aktualisierte Auflage

103 Farbfotos
40 Zeichnungen

Ulmer

Vorwort

Für meine Eltern

Auch wenn es schon mehrere Bücher über Bonsai gibt, wurde es sicher Zeit für ein Buch, das sich ausschließlich mit der Kultur von Zimmerbonsai befaßt. Das nun vorliegende Werk ist das Ergebnis einer zehnjährigen intensiven Beschäftigung mit der Kultur von Bonsai, insbesondere mit Pflanzenarten, die sich für die Zimmerkultur eignen.

Für einen Menschen sind 10 Jahre ein relativ langer, für ein Bonsai dagegen ein relativ kurzer Zeitraum. Ein Großteil der abgebildeten Zimmerbonsai ist unter 10 Jahre alt, zum Teil haben sie nur erste Gestaltungsmaßnahmen erfahren. Trotzdem fand ich es wichtig und richtig, gerade junge Bonsai abzubilden, um zu zeigen, daß es jedem Pflanzenliebhaber möglich ist, seinen Bonsai selbst heranzuziehen und zu gestalten. Zumal von einem großen Teil der von mir zur Bonsaigestaltung und Zimmerkultur als geeignet befundenen Pflanzenarten es kein weiteres Bildmaterial gibt.

Um möglichst vielen Bonsaifreunden die Gelegenheit zu geben, sich näher mit Bonsaiarten zur Zimmerkultur zu beschäftigen, habe ich dieses Taschenbuch geschrieben. Ich hoffe, daß es zur Entwicklung der Zimmerbonsai-Kultur einen kleinen Beitrag leisten kann. Zu danken ist an dieser Stelle dem Verlag Eugen Ulmer mit seinen Mitarbeitern für die gute Zusammenarbeit.

Wolfgang Kawollek
Kassel, Frühjahr 1983

Vorwort zur 5. Auflage

Während sowohl der Pflanzenliebhaber als auch der Bonsaifachhandel vor nunmehr dreizehn Jahren dem »Bonsai für das Zimmer« noch sehr kritisch gegenüberstand, gehört er heute zum festen Bestandteil des Zimmerpflanzensortiments.

So hat sich meine Voraussage aus der Zeit, in der die erste Auflage entstand, erfüllt. Zimmerbonsai haben eine weite Verbreitung gefunden.

Seit dem Erscheinen der ersten Auflage dieses Taschenbuches hat sich auf dem Sektor des Zimmerbonsai einiges getan. Die wachsende Nachfrage ermutigte den Handel, das Artensortiment laufend zu erweitern. Zunehmende Erfahrungen bei der Gestaltung und Pflege erweitern schließlich das Wissen um die optimalen Bedingungen für die Kultur dieser faszinierenden Pflanzen. Eine Neubearbeitung des Buches war erforderlich. Sie ist durchgeführt, der Text wurde erheblich erweitert und auf den neuesten Stand gebracht. Dennoch konnte vieles unverändert übernommen werden.

Wolfgang Kawollek
Kassel, Frühjahr 1997

Inhalt

Begonia partita (linke Seite) und Begonia foliosa (unten).

Einleitung

Die Möglichkeiten, unsere Umgebung mit Pflanzen zu schmücken und sich mit Pflanzen zu beschäftigen, sind vielfältig. Die Beschäftigung mit Bonsai bietet eine besonders reizvolle Abwechslung zu der sonst üblichen Art des Umgangs mit Pflanzen. Sie läßt die Hetze und Unruhe des Alltags vergessen und bringt dem Menschen die Natur näher. Vielen Bonsailiebhabern geht es jedenfalls so, daß sie erst durch die Beschäftigung mit Bonsai die Natur bewußter wahrnehmen und sie mit anderen Augen sehen.

Ein Bonsai ist eine Pflanze, die in einem Gefäß (Topf oder Schale) kultiviert wird. Pflanzen, die wir als Bonsai gestalten, erreichen in der Natur teilweise gigantische Ausmaße. Das Kleinbleiben des Bonsai muß deshalb durch gezielte Kulturmaßnahmen erreicht werden. Im wesentlichen sind dies ein Minimum an Erde, planmäßiges Beschneiden, gegebenenfalls auch Drahten. Ein Bonsai ist nun nicht einfach ein kleiner Baum in einem Gefäß, sondern er soll zusammen mit dem Gefäß, in dem er wächst, den Eindruck eines in der freien Natur herangewachsenen Baumes vermitteln.

Was ist von der Natur, was von Menschenhand geschaffen? Ein Baumwurzel-Bonsai in einem Bonsaigarten (Besitzer: Mr. Su aus Taipai, Taiwan).

Ein Bonsai ist der Versuch, die Natur im Kleinen nachzubilden. Dies setzt ein ausgewogenes Größenverhältnis zwischen Stamm, Ästen, Blättern und Gefäß voraus, d.h. ein harmonisches Zusammenwirken.

Gelegentlich wird der Vorwurf erhoben, es handle sich bei Bonsai um widernatürliche Deformierungen, Verkrüppelungen, verkümmerte Pflanzen. Dem muß widersprochen werden. Gute Bonsai sind weder unterernährt noch werden sie zu grotesk verzerrten Formen erzogen. So notwendig regelmäßiges Schneiden und Gestalten sind – auch sonst werden Pflanzen aus verschiedenen Gründen einem Schnitt unterzogen –, liegt die eigentliche Kunst darin, die Pflanzen gesund in der gewünschten Größe zu halten und sie dabei gleichzeitig zu natürlichen Formen zu gestalten. Der Baum in der freien Natur ist dabei stets Vorbild.

Als erste entdeckten Chinesen naturgewachsene Zwergformen von Bäumen, holten sie von extremen Standorten und pflanzten sie in Schalen. Erst später fanden auch die Japaner Gefallen an der eigenartigen, gedrungenen, knorrigen Schönheit dieser Bäume. Die Japaner waren es dann auch, die die Kunst, Bonsai zu kultivieren und zu gestalten, vervollkommnet haben.

Die Bonsaikunst erreichte die westliche Welt nur sehr zögernd. Aus Mißerfolgen entstand das Vorurteil, Bonsai gehörten in den Fernen Osten und seien für unsere Verhältnisse und unsere Mentalität nicht geeignet. Wer aber mit »normalen« Topfpflanzen umgehen kann, kann auch lernen, Bonsai heranzuziehen. Man muß nicht fernöstlich denken um befriedigende Ergebnisse zu erzielen.

Das Kultivieren von Bonsai gewinnt immer mehr Anhänger, auch in Deutschland. Viele Arbeitskreise auf örtlicher Ebene bieten Gelegenheit, Kontakte zu anderen Bonsaifreunden zu bekommen und aus den Erfahrungen anderer zu lernen. Es werden Zusammenkünfte organisiert, Tagungen abgehalten, und man kann sich in Kursen über Techniken und Pflegemaßnahmen informieren.

Mehrfachstamm bei Ficus subulata.

Warum Bonsai für das Zimmer?

Wer Pflanzen mag und sich mit ihnen beschäftigen möchte, sollte sich zunächst Klarheit darüber verschaffen, ob er die Voraussetzungen für eine erfolgreiche Kultivierung der Pflanzen bieten kann. Dies ist bei Pflanzen des Gartens nicht anders als bei Zimmerpflanzen und ist auch bei Bonsai so. Viele Menschen, die sich mit der Pflege und Kultur von Bonsai beschäftigen wollten, haben deshalb Enttäuschungen erlebt. Man kann weder die Mädchenkiefer noch den rotblättrigen Ahorn, nur weil sie schön klein sind, in der Wohnung halten.

Die überlieferte Bonsaikunst der Japaner und Chinesen findet ihr Material unter den in der Natur verfügbaren Pflanzen ihrer Länder. Ein sehr großer Teil dieser Pflanzen stammt aus gemäßigten Gebieten und ist an ein Klima mit scharf ausgeprägten Jahreszeiten, d. h. einem wärmeren Sommer und einem kälteren Winter angepaßt. Pflanzen aus diesen Klimazonen – auch unsere einheimischen Gehölze gehören dazu – haben in der wärmeren Jahreszeit ihre Wachstumsphase, in der kälteren Jahreszeit machen sie eine längere Ruheperiode (Wachs-

Nicht nur in der Wohnung auch im Büro können Bonsai zur Belebung der Atmosphäre beitragen.

tumsruhe) durch. Die sommergrünen Laubgehölze verlieren deshalb in der kälteren Jahreszeit ihre Blätter. Würde man die durch verminderten Lichteinfall (Kurztage) und niedrige Temperaturen eingeleitete Pause aufheben, indem man die Pflanzen in der Wohnung aufstellt, könnten sie nicht existieren. Pflanzen, die ein ausgesprochenes Ruhe- bzw. Kältebedürfnis haben, sind deshalb für die Wohnung ungeeignet.

Die Mißerfolge von Bonsaifreunden durch Nichtbeachtung der Standortansprüche ihrer Bonsai geben andererseits Hinweis darauf, daß viele ihre Pflanzen ständig um sich, d.h. im unmittelbaren Wohnbereich, haben möchten. Viele Leute, die keinen Garten besitzen und auch keine andere Möglichkeit haben, Freilandbonsai aufzustellen, sollen trotzdem auf Bonsai nicht verzichten müssen. Dies gilt insbesondere für Menschen, die in äusserster Naturferne, z.B. in Großstädten oder Hochhäusern, leben.

Der Wunsch nach zimmertauglichen Pflanzenarten, die sich zur Bonsaigestaltung eignen, kommt auch auf Ausstellungen und Vorträgen über Bonsai immer wieder zum Ausdruck. Auch der Bonsailiebhaber, der schon eine Anzahl Freilandbonsai sein eigen nennt, interessiert sich für Zimmerbonsai.

Bonsai, die in der Wohnung gedeihen sollen, müssen deshalb aus Klimazonen stammen, die den klimatischen Bedingungen unserer Wohnungen entsprechen. Das bedeutet relativ gleichbleibende Temperaturen (im allgemeinen über 15 °C) über das ganze Jahr. In Frage kommen deshalb Pflanzenarten aus subtropischen, vor allem aber aus tropischen Gebieten. In den tropischen Gebieten herrscht an allen Tagen im Jahr ein relativ gleichmäßiger Temperaturverlauf. Wenn man bedenkt, wie viele Pflanzenarten in tropischen und subtropischen Gebieten unserer Erde beheimatet sind, ist es sicherlich nicht übertrieben, wenn man behauptet, daß die Zahl der als Zimmerbonsai geeigneten Pflanzenarten fast unerschöpflich ist.

Blick in eine Bonsaigärtnerei in Taiwan (Tony-Bonsai). ▷

Wege zum Zimmerbonsai

Kauf gestalteter Pflanzen

Die Wege zum Bonsai sind vielfältig. In der Regel wird der erste Bonsai eine gekaufte, schon gestaltete Pflanze sein. Bonsai sollten im Fachhandel, der über geschultes Personal verfügt, gekauft werden. Die angebotenen Zimmerbonsai stammen aus Japan, China, Israel, ein großer Teil aber auch aus einheimischer Kultur. Das Angebot reicht von jungen Bäumen, die erste Gestaltungsmaßnahmen erfahren haben, bis zu fertig gestalteten Meisterwerken der Bonsaikunst. So breitgefächert wie das Angebot an Pflanzenarten und das Alter der Pflanzen ist, sind auch die Preise.

Man sollte sich beim Kauf nicht vom Alter der Pflanze beeinflussen lassen. Häufig wird angenommen, gute Bonsai müssen alt sein; diese Auffassung ist falsch. Viele Bonsai, die man in Büchern oder auf Ausstellungen sieht, sind tatsächlich sehr alt. Das Alter der Bäume wird aber oft überbewertet. Viele Bonsai wirken nur alt, weil sie durch entsprechende Maß-

Zimmerbonsai sollten nur im Fachhandel gekauft werden. Das Angebot reicht von jungen Bäumen bis zu fertig gestalteten Meisterwerken der Bonsaikunst.

nahmen auf alt getrimmt sind. Selbst in Japan ist das Alter eines Bonsai nicht entscheidend für die Qualität einer Pflanze.

Wichtig ist die schöne klare Form des Baumes, d. h. ein attraktives Gesamtbild, das der Naturform der Pflanzenart möglichst nahe kommen sollte. Der Bonsai sollte gesund und das Laub intensiv gefärbt sein.

Ein gepflegter Bonsai ist gut bewurzelt, wackelt er im Gefäß, ist etwas mit den Wurzeln nicht in Ordnung. Eine gute Durchwurzelung läßt sich daran erkennen, daß sich auf der Erdoberfläche eine zusammenhängende Moosschicht befindet. Die Spur der Schere darf man nicht sehen. Schnittwunden sollten verheilt und nicht als solche erkennbar sein. Schale, Wurzelansatz, der Stamm und die Krone sollten harmonisch zusammenwirken.

Sind Pflanzen gedrahtet, so ist darauf zu achten, daß kein Draht eingewachsen ist. Sollte dies trotzdem der Fall sein, ist der Händler zu bitten, den Draht zu entfernen.

Zimmerbonsai aus Topfpflanzen

Bei einem fertigen Bonsai erschöpft sich die Tätigkeit des Bonsailiebhabers überwiegend in Pflegearbeiten, Gießen, Düngen, Umtopfen und der Erhaltung der Wuchsform. Erst wenn

Handelsübliche Topfpflanzen als Ausgangsmaterial für Zimmerbonsai.

man selbst versucht, einen Bonsai von klein auf heranzuziehen und zu gestalten, wird man der Faszination Bonsai richtig erliegen.

Eine Möglichkeit einen Bonsai selbst zu gestalten, ist der Kauf einer zur Bonsaigestaltung geeigneten Topfpflanze. Man findet sie in Gärtnereien, Gartencentern und Blumenläden. Viele der angebotenen Topfpflanzen eignen sich zur Bonsaigestaltung (siehe Kulturhinweise zu den einzelnen Pflanzenarten ab Seite 113). Bei der Auswahl der Pflanze ist bereits die zukünftige Form des Bonsai mit in Betracht zu ziehen. Die Pflanze sollte je nach Alter einen kräftigen Stamm besitzen, der gut geformt ist. Die Äste sollten tief ansetzen und zur Spitze des Baumes hin kürzer und dünner werden.

Zimmerbonsai aus Samen

Die geschlechtliche (generative) Vermehrung, das heißt die Vermehrung aus Samen, ist äußerst langwierig und verlangt sehr viel Geduld. Allerdings lohnt der hohe Zeitaufwand, da man die Entwicklung der Pflanzen von Anfang an beeinflussen und sie Schritt für Schritt in die für sie gewählte Form bringen kann. Saatgut erhält man im einschlägigen Samenhandel oder durch Tausch mit anderen Pflanzenliebhabern.

Behandlung der Samen

Die Samen tropischer und subtropischer Pflanzenarten besitzen im allgemeinen keine sehr lange Lebensfähigkeit. Ohne besondere Schutzmaßnahmen überdauern die meisten Arten nicht einmal wenige Monate, einige davon sind nur wenige Tage keimfähig. Deshalb ist grundsätzlich sofort nach Erhalt des Saatgutes auszusäen. Die meisten dieser Pflanzenarten können ohne jede Vorbehandlung ausgesät werden.

Bei einigen Pflanzenarten enthalten die Samen zwar einen vollständig ausgebildeten Embryo (Keimling), sind aber noch nicht keimfähig, weil die Samenschale für Wasser und Sauerstoff undurchlässig ist. Die Ursache für die Hartschaligkeit sind klimatische Einflüsse, z. B. große Sommerwärme. Die einfachste Methode, die notwendige Durchlässigkeit der Samenschale herbeizuführen, ist das Aufrauhen der Samenschale mit Glaspapier. Hierbei wird das Saatgut unter Druck zwischen zwei Blättern Glaspapier gerieben. Dazu legt man den Boden einer Kiste oder ein anderes Gefäß mit einem Blatt Glaspapier aus. Ein weiteres Stück Glaspapier befestigt man mit Reißzwecken an einem kleinen Brettchen. Man legt das aufzurauhende Saatgut auf das Glaspapier und rauht unter Druck durch kreisende Bewegungen mit dem Brettchen die Samenschalen an. Pflanzenarten, bei denen ein Aufrauhen der Samenschale zu empfehlen ist, sind bei den Kulturhinweisen mit einem entsprechenden Hinweis versehen. In den überwiegenden Fällen handelt es sich um Pflanzenarten aus der Familie der Leguminosen (Hülsenfrüchtler).

Substrate für die Aussaat

Eine der wichtigsten Voraussetzungen für den Keimerfolg und das spätere Wachstum der Sämlinge ist die Aussaaterde. Aussaaterden dienen dem Sämling als Standort und haben weniger die Aufgabe, Nährstoffe zu liefern. Die Aussaaterde muß nährstoffarm und keimfrei sein. Geeignet sind sogenannte Industriesubstrate, wie sie auch im Gartenbau verwendet werden. Solche Industriesubstrate bestehen in der Regel aus Torf und Ton. Sie sind im Gartenbedarfshandel oder in Gärtnereien als Einheitserde oder als Fruhstorfer Erde erhältlich. Zur Aussaat geeignet sind die Erden in den Formulierungen A (= Aussaaterde) und P (= Pikiererde). Geeignet sind auch Substrate auf reiner Torfbasis, sogenannte Torfkultursubstrate, im Handel als TKS oder NTS erhältlich. Für die Aussaat in Frage kommen die Formulierungen Special und 1. Wer seine Aussaaterde selbst herstellen möchte, verwende Weißtorf (im Handel als sogenannter Düngertorf erhältlich). Je Liter Torf sind 0,5 g Mehrnährstoffdünger und 3 g Kohlensaurer Kalk hinzuzufügen.

Auf keinen Fall dürfen Erden verwendet werden, z. B. Komposterden, bei denen die Nährstoffanteile nicht bekannt sind und die meist viele Krankheitskeime enthalten. Das gleiche gilt für normale Blumenerden, wie sie im Handel erhältlich sind, und auch

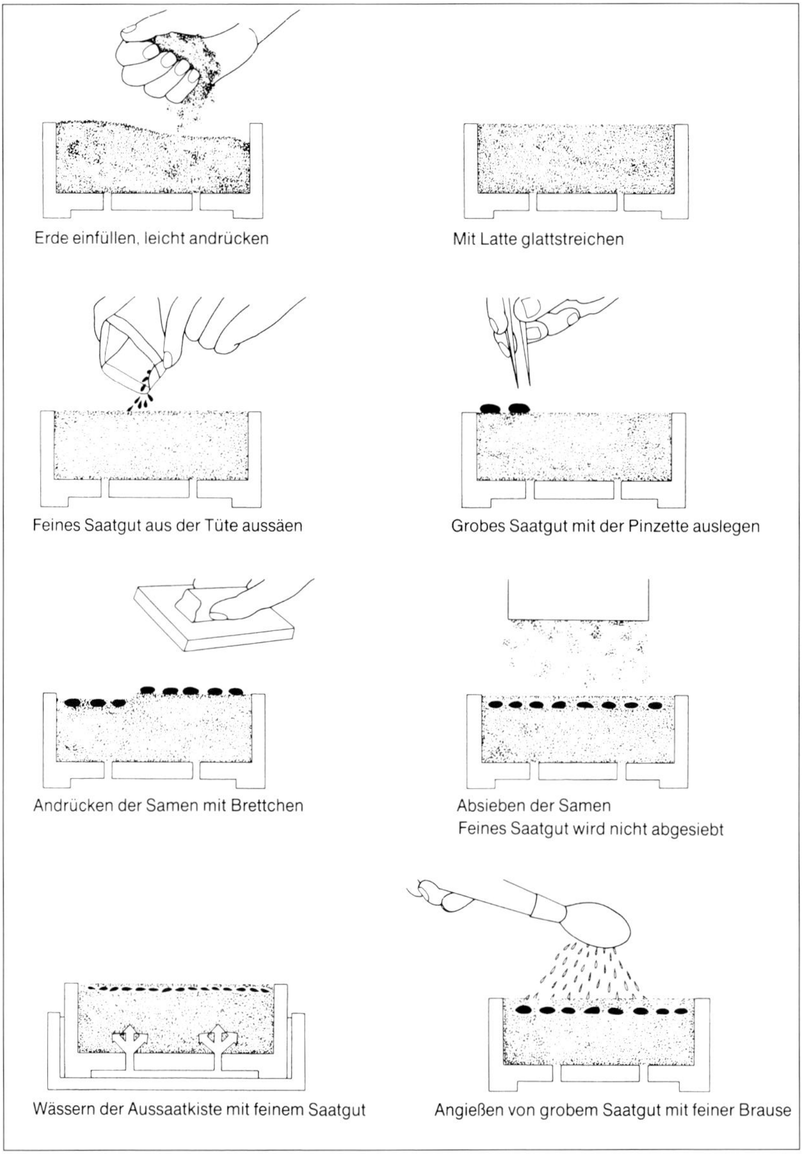

Die Arbeitsgänge bei der Aussaat.

für Bonsaierden. Solche Erden sind relativ nährstoffreich und nur zum Umpflanzen bzw. Einpflanzen von gut bewurzelten Pflanzen gedacht.

Aussaat

Bei der Wahl des Aussaatgefäßes muß darauf geachtet werden, daß der Topfboden genügend Löcher aufweist, damit überschüssiges Wasser ungehindert abfließen kann. Für kleinere Samenmengen eignen sich Blumentöpfe, für größere Mengen nehme man Aussaatkisten, wie sie im Gartenbau verwendet werden.

Der Feinheitsgrad der Aussaaterden richtet sich nach der Größe der Samen und muß deshalb, wenn nötig, auf die entsprechende Größe gesiebt werden. Man füllt die Erde bis zum Rand des Gefäßes ein und drückt sie leicht an. Überflüssige Erde wird mit einer Latte abgestrichen. Auf die vorbereitete Erde wird nun das Saatgut ausgebracht. Grobes Saatgut wird einzeln ausgelegt (mit Pinzette), feines Saatgut wird direkt aus der Samentüte gleichmäßig gestreut und nicht zu dicht über die Fläche verteilt. Sehr feinen Samen mischt man vor der Aussaat mit trockenem Sand (Quarzsand), um ihn zu strecken. Die Aussaatfläche wird jetzt mit einem Brettchen leicht angedrückt. Dies ist wichtig, damit das einzelne Samenkorn innigen Kontakt zum Aussaatsubstrat bekommt und zügig quellen und keimen kann.

Nun wird der Samen mit Aussaaterde abgedeckt (am besten mit einem feinen Erdsieb absieben). Die Abdeckhöhe richtet sich nach der Größe des Samens. Nach einer Faustregel sollte die Abdeckung das ein- bis zweifache der Samengröße betragen. Feines Saatgut wird nicht abgedeckt. Wird zu tief gesät, stirbt der Keimling ab, bevor er an die Erdoberfläche gelangt. Bei zu flachem Säen trocknet der Samen leicht aus, und der Keimling stirbt ebenfalls ab.

Die Aussaat wird sodann mit einer feinen Brause gut angegossen. Bei feinem Saatgut empfiehlt es sich, das Aussaatgefäß in ein Gefäß mit Wasser zu stellen, um ein Abschwemmen der Samen zu vermeiden. Die Erde kann sich dann von unten mit Wasser vollsaugen.

Bis zur Keimung sind die Gefäße schattig aufzustellen und gleichmäßig feucht zu halten. Damit sich die Feuchtigkeit hält, kann man die Aussaatgefäße mit einer Glasplatte abdekken. Bei direkter Sonnenbestrahlung deckt man die Gefäße am besten mit Zeitungspapier ab. Trocknet die Erde auch nur einmal aus, ist das Keimergebnis in Frage gestellt.

Die günstigste Keimtemperatur liegt für die meisten Pflanzenarten um 20 °C. Starke Abweichungen nach oben und unten bzw. Temperaturschwankungen führen im günstigsten Fall nur zu einer Keimverzögerung. Erscheinen die ersten Sämlinge, sind die Gefäße hell, aber vor direkter Sonneneinstrahlung geschützt, aufzustellen.

Wie schon erwähnt, ist der Samen nicht unbegrenzt lebensfähig, seine Keimfähigkeit erlischt nach kürzerer oder längerer Zeit. Selbst frisches Saatgut ist nach entsprechender Behandlung selten zu 100% keimfähig.

Unter Keimfähigkeit versteht man demnach die Zahl der entwicklungsfähigen Samen. Bei den meisten als Zimmer- oder Freilandbonsai verwendeten Pflanzenarten beträgt die Keimrate zwischen 50 und 80%, bei einigen nur 20%.

Zimmerbonsai aus Stecklingen

Die ungeschlechtliche (vegetative) Vermehrung ist im Gegensatz zur geschlechtlichen Vermehrung an keinen Befruchtungsvorgang gebunden. Man benutzt hierbei entweder Vermehrungsorgane, welche die Pflanze selbst ausbildet, z. B. Brutzwiebeln, Brutknollen, Ausläufer- bzw. Wurzelrhizome. Oder man reißt, bricht oder schneidet einfach Pflanzenteile ab und bringt sie zum Bewurzeln, z. B. Triebspitzen, Stammstücke, Blätter oder auch verholzte Triebe.

Für Zimmerbonsai sind zwei Verfahren der ungeschlechtlichen Vermehrung von Bedeutung. Es sind die *Stecklingsvermehrung* und das *Abmoosen*. Andere Verfahren haben nur eine untergeordnete Bedeutung. Die Vermehrung durch Veredlung ist auch bei Zimmerbonsai möglich, aber nicht üblich. Durch Veredlung lassen sich in den seltensten Fällen wirklich gute Bonsai erzielen. Fast immer bleibt an der Veredlungsstelle ein Wulst, der die Schönheit des Stammes entstellt. Auch die unterschiedliche Struktur der Rinde unter- und oberhalb des Eingriffs stört.

Eine Stecklingsvermehrung ist das ganze Jahr über möglich. Der Zeitpunkt der Vermehrung der einzelnen Pflanzen hängt im wesentlichen von der Pflanzenart und ihrem Entwicklungsstand ab. Der optimale Vermehrungstermin ist nicht mit dem Kalender bestimmbar. Die günstigste Zeit ist im allgemeinen die Hauptwachstumszeit der Pflanzen, d. h. die Frühjahrs- und Sommermonate.

Schneiden der Stecklinge

Der Steckling darf weder zu lang noch zu kurz sein; als üblich ist eine Länge von 5 bis 10 cm anzusehen. Stecklinge sollten vier bis fünf Blattknoten haben, die Blätter gesund und frisch aussehen. Man schneidet den Steckling kurz (etwa 2 bis 3 mm) unter einem Blattknoten (Nodium). Zum Schneiden verwendet man ein scharfes Messer. Die unteren Blätter an der Basis des Stecklings sind zu entfernen. Zum einen lassen sich die Stecklinge wesentlich besser stecken, zum anderen würde man der Entstehung von Pilzkrankheiten Vorschub leisten, wenn man die Blätter ganz oder teilweise mit Substrat zudeckt und damit die Photosynthese-Tätigkeit behindert bzw. verhindert.

Bei vielen Pflanzenarten kann man aus einem Trieb mehrere Stecklinge schneiden. Die Triebspitze ergibt einen sogenannten Kopfsteckling. Stecklinge ohne Triebspitze bezeichnet man als Triebstecklinge. Wie oft ein Trieb geteilt werden kann, hängt vom Grad seiner Verholzung ab. Sind am Steckling Blütenknospen vorhanden, sind

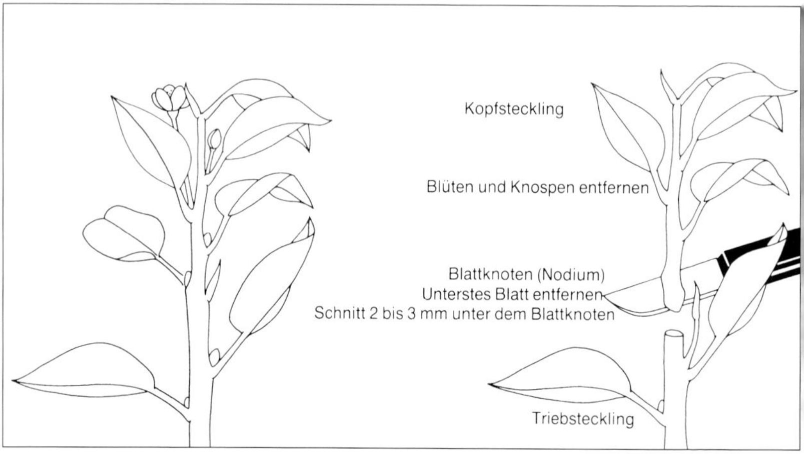

Schneiden eines Stecklings.

diese zu entfernen. Stecklinge mit Blütenknospen bewurzeln sich nicht oder nur sehr schlecht.

Schneidet man Stecklinge, muß ein Arbeitsschritt dem anderen direkt folgen. Auf keinen Fall darf der Steckling welken. Am besten wird der frisch geschnittene Steckling kurz in Wasser eingetaucht und bis zum Stecken in einem Folienbeutel aufbewahrt.

Ein frisch geschnittener Steckling verfügt, da die Wurzeln erst gebildet werden, noch über keine wasseraufnehmenden Organe. Die Wasserverdunstung über die Blätter bleibt aber die gleiche wie bei einer intakten Pflanze mit Wurzeln. Man kann die Verdunstungsfläche reduzieren, indem man die Blätter einkürzt. Dies hat aber zur Folge, daß man mit dem teilweisen Entfernen der Blattmasse einen Teil der Photosynthesefläche opfert. Dadurch werden weniger der für die Wurzelbildung notwendigen Wuchsstoffe gebildet. Ein Einkürzen der Blätter verzögert die Bewurzelung des Stecklings. Deshalb kommt ein Einkürzen nur bei großblättrigen Arten in Frage.

Stecklingssubstrat

Die Stecklingserde hat entscheidenden Einfluß auf den Bewurzelungserfolg. Folgende Forderungen sind an eine gute Stecklingserde zu stellen: wasserdurchlässig, nährstoffarm, keimfrei. Die Erde muß den Steckling ausreichend mit Feuchtigkeit versorgen, ein hoher Wassergehalt darf aber nicht dazu führen, daß sämtliche Hohlräume des Substrats mit Wasser gefüllt sind. Es käme zu Sauerstoffmangel an der Schnittstelle, die Bewurzelung würde verhindert und der Steckling faulen.

Je nährstoffreicher eine Vermehrungserde ist, desto schlechter wird die Bewurzelung des Stecklings sein. Ein Steckling in einer relativ nährstoffreichen Erde hat es nicht nötig, viel Wurzeln auszubilden, da ihm genügend Nährstoffe zur Verfügung stehen. Ein Steckling in einer nährstoffarmen Erde muß dagegen auf der Suche nach den wenigen Nährstoffen viele Wurzeln ausbilden. Später, nach dem Verpflanzen in ein nährstoffreiches Substrat, ist dieser Steckling aufgrund seines großen Wurzelvolumens schneller in der Lage, Nährstoffe aufzuschließen und aufzunehmen. Bezüglich der Wachstumsgeschwindigkeit und dem Aufbau organischer Substanz hat er erhebliche Vorteile gegenüber einem Steckling mit wenig Wurzeln.

Die Stecklingserde muß frei von pilzlichen, bakteriellen und tierischen Schädlingen sowie Unkrautsamen sein.

Ein bewährtes Vermehrungssubstrat ist eine Mischung aus Sand und Torf. Torf ist organischen Ursprungs, hat eine gute Wasserhaltefähigkeit und bei Wassersättigung noch einen ausreichenden Luftinhalt. Er ist nahezu steril (braucht nicht sterilisiert werden) und enthält nur wenige Nährstoffe. Im Handel ist dieser Torf unter der Bezeichnung Düngetorf erhältlich. Die Bezeichnung Düngetorf ist an sich irreführend – die bessere Bezeichnung wäre Weißtorf – da keine zusätzlichen Pflanzennährstoffe enthalten sind.

Sand ist mineralischen Ursprungs, hält das Wasser schlecht fest und dient der besseren Durchlüftung und dem Abtransport überschüssigen Wassers. Er muß frei von Beimengungen (gewaschen) und grob sein. In der Regel wird Estrichsand in der Körnung 00 bis 02 verwendet. Als Sandersatz kann auch Styromull (ein Kunstharzschaum), Perlite (durch Erhitzen aus Lava gewonnen) oder auch Bimskies verwendet werden. Man mischt Sand und Torf im Verhältnis 1 : 1.

Anwendung von Wuchsstoffen

Die Anwendung von Wuchsstoffen bei der Stecklingsvermehrung beruht auf der Erkenntnis, daß die Zellteilung durch Wuchsstoffe angeregt und gesteuert wird. Ein Steckling baut sich im Normalfall solche Wuchsstoffe selbst auf. Wuchsstoffproduzierende Organe sind die Blätter. Aus diesem Grunde ist es eben wichtig, möglichst viele Blätter am Steckling zu belassen.

Eine Wuchsstoffanwendung empfiehlt sich bei schwer wurzelnden und stark verholzten Stecklingen. Im Handel sind eine ganze Reihe von Wuchsstoffpräparaten in unterschiedlichen Zusammensetzungen und Stärken erhältlich. Wuchsstoffe können auf verschiedene Art und Weise an den Steckling gebracht werden. Am empfehlenswertesten für kleinere Vermehrungseinheiten sind Wuchsstoffe in Puderform, z. B. Seradix.

Die Schnittstelle des Stecklings sollte bei Anwendung der Wuchsstoffmittel leicht angetrocknet sein. Der Steckling wird mit der Schnittstelle kurz in den Puder getaucht und abgeklopft. Wuchsstoffe sind kein Ersatz für andere Maßnahmen, wie die Wahl des Stecklings mit dem richtigen

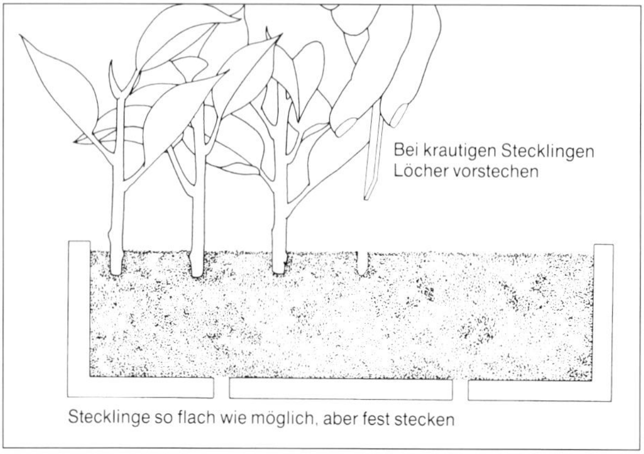

Richtiges Stecken der Stecklinge.

Reifegrad, das geeignete Vermehrungssubstrat, Feuchtigkeit, Licht und Temperatur, sondern nur eine sinnvolle Ergänzung.

Stecken der Stecklinge

Ob Schalen, Blumentöpfe, Joghurtbecher oder andere Gefäße zum Stecken verwendet werden, ist von untergeordneter Bedeutung. Wichtig ist nur, daß für einen ausreichenden Wasserabzug gesorgt ist. Man füllt die Stecklingserde in das Gefäß und streicht die Oberfläche glatt ab. Anschließend wird die Erde mit einem Brettchen oder ähnlichem angedrückt. Das richtige Andrücken ist Erfahrungssache. Wichtig ist, daß der Steckling später fest im Substrat steckt. Grundsätzlich ist so flach wie möglich zu stecken. Auf jeden Fall muß gesichert sein, daß eine ausreichende Sauerstoffzufuhr an der Schnittstelle gewährleistet ist. Sind Stecklinge sehr weich (krautig), werden die Löcher mit Hilfe eines Hölzchens (in Stärke des Stecklings) vorgestochen. Sonst könnten die Stecklinge beim Stecken einknicken bzw. abgebrochen werden. Beim Stecken der Triebstecklinge ist darauf zu achten, daß das basale (untere) Ende des Triebstückes in die Erde kommt und nicht umgekehrt. Ein Steckling bildet Wurzeln immer basal, auch wenn er verkehrt herum in der Erde steckt. An der Spitze (apikal) treiben die Knospen zu neuen Sprossen aus.

Vermehrungseinrichtungen und Standort

Ein Steckling wird im Augenblick seiner Abnahme von der Mutterpflanze von der Wasserzufuhr abgeschnitten, die Verdunstung (Transpiration) läuft aber weiter. Deshalb muß für eine Einschränkung der Verdunstung gesorgt werden. Die Wasseraufnahmemöglichkeit des Stecklings über die Schnittstelle ist sehr gering. Der Steckling muß also seinen Wasserbedarf vorwiegend aus der Luft decken. Verbraucht ein Steckling mehr Wasser, als er aufnehmen kann, so beginnt er zu welken. Die Spaltöffnungen werden geschlossen.

Mit dem Schließen der Spaltöffnungen ist aber auch eine Einschränkung der CO_2-Aufnahme verbunden. Der Steckling kann keine Photosynthese mehr betreiben und damit auch keine Wuchsstoffe mehr aufbauen, die dringend zur Wurzelbildung benötigt werden. Aus diesem Grunde muß die relative Luftfeuchtigkeit in unmittelbarer Umgebung des Stecklings so hoch wie möglich gehalten werden.

Die Vermehrungseinrichtungen, die wir verwenden, müssen deshalb gegenüber der Außenluft möglichst dicht abschließen, um eine hohe relative Luftfeuchtigkeit (über 90%) zu erreichen. Für kleine Stecklingszahlen reicht es aus, über das Vermehrungsgefäß ein Einweckglas zu stülpen. Gut geeignet sind auch sogenannte Kleingewächshäuser für Fensterbrett und Balkon, möglichst mit Heizkabel, wie sie im einschlägigen Fachhandel erhältlich sind. Eine weitere Möglichkeit ist, das Vermehrungsgefäß einfach mit einer dünnen Folie (0,015 mm PE) zu überziehen. Dies ist allerdings nicht ganz problemlos, die Folie ist zwar atmungsaktiv, aber durch den geringen Luftraum unter der Folie kommt es leicht zu Fäulnis. Bewährt hat sich auch ein aus Latten und Folie gebauter Vermehrungskasten, der immer wieder verwendet werden kann.

Als Standort in der Wohnung eignen sich Ost-, West- und Südfenster. Die Vermehrungseinrichtungen sind vor direkter Sonnenbestrahlung zu schützen. Sonst kann es zu einer übermäßigen, pflanzenschädlichen Erwärmung des Innenraumes kommen. Kleinere Vermehrungseinrichtungen deckt man bei direkter Sonnenbestrahlung mit Zeitungspapier ab.

Die Temperatur hat einen großen Einfluß auf den Bewurzelungserfolg. Entscheidend für eine schnelle, gleichmäßige Bewurzelung ist die Bodentemperatur. Sie sollte etwa zwischen 20 und 24 °C liegen. Eine hohe Bodentemperatur bewirkt eine Steigerung der Atmung an der Schnittfläche des Stecklings. Dies wiederum führt zu einer vermehrten Zellteilung und somit zu einer schnelleren Wurzelbildung. Optimale Bodentemperaturen sind bei Verwendung von Vermehrungseinrichtungen (Zimmergewächshäuser) mit Bodenheizung (Heizkabel) erreichbar. Generell kann man sagen, daß die Bewurzelung der Stecklinge um so länger dauert und das Bewurzelungsergebnis um so schlechter sein wird, je tiefer die Temperatur, besonders die Bodentemperatur, ist.

Wasserversorgung

Im allgemeinen reicht ein einmaliges Angießen der Stecklinge aus, um sie bis zur Bewurzelung ausreichend mit Wasser zu versorgen. In den relativ dichten Vermehrungseinrichtungen mit einem geringen Luftraum kann die Luftfeuchtigkeit nicht entweichen. Die Stecklinge werden somit weitgehend aus dem Verdunstungswasser wieder versorgt. Sind die Blätter der Stecklinge mit einem Feuchtigkeitsfilm überzogen und keine Welkeerscheinungen zu erkennen, sind die Bedingungen für einen Bewurzelungserfolg optimal und die Stecklinge benötigen keine zusätzlichen Wassergaben. Zu hohe Wassermengen in der Erde führen zu einer Reduzierung des Sauerstoffs und damit im günstigsten Fall nur zu einer verzögerten Wurzelbildung.

Pflegemaßnahmen

Trotz sorgfältiger Beachtung aller Hygienemaßnahmen, trotz der Verwendung keimfreier Erden und steriler Vermehrungsgefäße (keine gebrauchten Vermehrungsgefäße verwenden bzw. gebrauchte sterilisieren) kann es zu Pilzerkrankungen kommen. Dann hilft nur noch eine Behandlung mit Fungiziden (pilzabtötende Mittel). Solche Pflanzenbehandlungsmittel sind im Fachhandel erhältlich. Vor Gebrauch ist die Gebrauchsanweisung sorgfältig durchzulesen.

Mit Beginn der Wurzelbildung wird langsam mit dem Lüften begonnen. Sie hat eingesetzt, wenn die Spitzen beginnen zu wachsen. Dies ist an neuen hellgrünen Blättern zu erkennen. Es wird immer stärker gelüftet, bis die Schutzhaube, das Einweckglas, die Folie oder der Folienkasten ganz entfernt werden können. Zu beachten ist, daß in diesem Stadium der Wasserbedarf immer größer wird.

Die zur Wurzelbildung benötigte Zeit ist von Pflanzenart zu Pflanzenart verschieden. Krautige Stecklinge bewurzeln sich oft nach drei bis vier Wochen, stark verholzte brauchen länger.

Abmoosen

Beim Abmoosen bewurzeln sich die Stecklinge an der Mutterpflanze. An der Stelle, wo später die Jungpflanze abgetrennt werden soll, macht man einen kerbenartigen Einschnitt in den Stamm. In diese Kerbe klemmt man ein Hölzchen, ein Steinchen oder ein Kunststoffstäbchen. Dabei ist darauf zu achten, daß der verwendete Gegenstand nicht aus der Schnittstelle herausfällt. Die Schnittstelle könnte sonst wieder verwachsen und eine Wurzelbildung unterbliebe.

Um eine schnelle und sichere Bewurzelung zu erreichen, empfiehlt es sich, die Schnittstelle mit einem Bewurzelungshormon einzupudern (siehe Seite 24). Den Stamm umgibt man nun mit feuchtem Torfmoos, das mit einer Folie umwickelt wird. Anstelle von Torfmoos kann auch nährstoffarme Erde oder Vermiculit verwendet werden. Die Umhüllung wird oben und unten zugebunden. Zur Umhüllung eignet sich Aluminium- oder Plastikfolie. Bis zum Abnehmen des bewurzelten Stecklings ist der Moosballen ständig feucht zu halten.

Die Wurzelbildung setzt je nach Pflanzenart nach zwei bis vier Wochen ein, bei einigen Arten kann es auch Monate dauern. Abgenommen wird der bewurzelte Steckling, wenn der Moosballen gut durchwurzelt ist. Die Umhüllung wird vorsichtig entfernt und der Steckling in einen nicht zu großen Topf eingepflanzt. Da das Verhältnis von ober- und unterirdischen Pflanzenteilen nicht dem einer normalen Pflanze entspricht, soll der Steck-

Das Abmoosen ist eine interessante Vermehrungsmethode, um möglichst schnell zu einer gestaltungsfähigen Pflanze zu kommen.

Deutlich ist in der rechten Abbildung die Wurzelbildung an der Mutterpflanze zu erkennen. Als Substrat wurde Vermiculit verwendet.

ling zunächst schattig an einem geschützten Ort stehen.

Das Abmoosen ist interessant, um möglichst schnell zu einer relativ großen, gestaltungsfähigen Pflanze zu kommen, sofern eine entsprechende Mutterpflanze zur Verfügung steht. Allerdings lassen sich auf diesem Wege nur kleine Stückzahlen vermehren. Der erfahrene Bonsailiebhaber kann und sollte mit der Gestaltung schon an der Mutterpflanze beginnen. Mit dem Abmoosen hat man auch die Möglichkeit, bei wertvollen Pflanzen in Erfahrung zu bringen, ob eine ungeschlechtliche Vermehrung über-

Erste Gestaltungsmaßnahmen schon an der Mutterpflanze

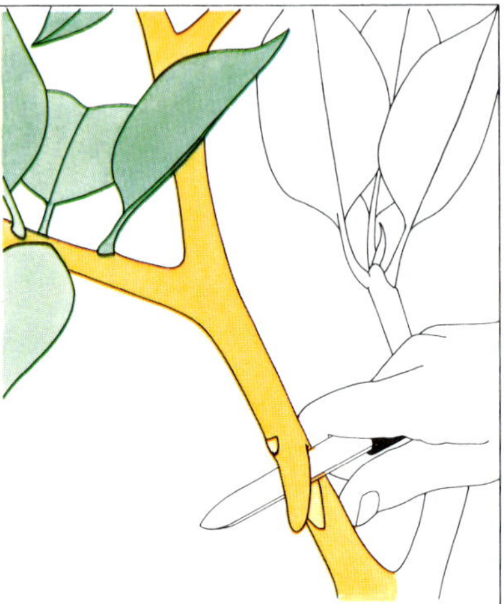

Einschneiden

Umhüllen mit feuchtem Moos
Manschette aus Folie

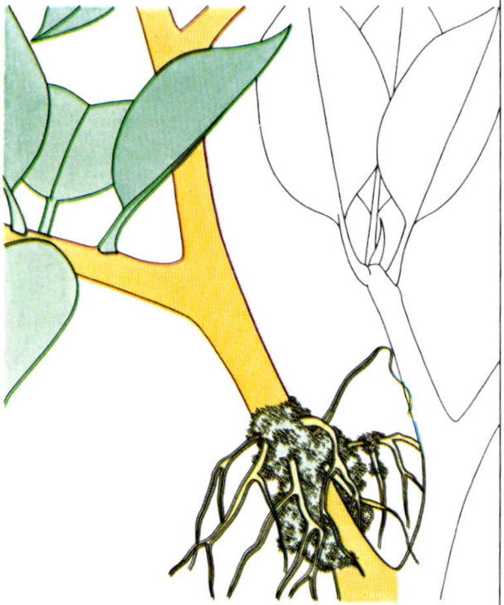

Nach der Bewurzelung Folie und Moos entfernen
Den Steckling unterhalb der Wurzeln abschneiden

Beim Abmoosen bewurzeln sich die Stecklinge an der Mutterpflanze.

Durch erste Gestaltungsmaßnahmen läßt sich ein üppiger Steckling erzielen.

haupt möglich ist. Findet keine Bewurzelung statt, kann man die Umhüllung wieder entfernen, ohne daß die Pflanze größeren Schaden davonträgt.

Behandlung der Jungpflanzen

Die auf generativem und vegetativem Wege vermehrten Pflanzenarten brauchen eine unterschiedlich lange und auch unterschiedlich intensive Pflege, bis zu einer gestaltungsfähigen Jungpflanze. Hinweise über Schnittmaßnahmen an Jungpflanzen sind auf Seite 41 zu finden.

Substrate für die Jungpflanzenanzucht

Zur Jungpflanzenanzucht haben sich Industriesubstrate wie Einheitserde, Fruhstorfer Erde und Torfkultursubstrate bewährt. Zum Pikieren und ersten Eintopfen verwende man Einheitserde und Fruhstorfer Erde in der Formulierung P (Pikiererde) oder Torfkultursubstrate mit der Bezeichnung 1 (zum Pikieren). Zum späteren Verpflanzen verwende man diese Erden in der Formulierung T (Topferde) oder 2 (zum Topfen).

Will man seine Erde für Jungpflanzen selbst herstellen, hat sich eine Mischung aus Weißtorf (im Handel als Düngetorf) bewährt, dem je Liter Substrat 3 g Kohlensaurer Kalk und 3 g eines organisch-mineralischen Mehrnährstoffdüngers (z. B. Hornoska) beigemischt werden. Die Substrate sind vor der Verwendung so anzufeuchten, daß sich das Wasser mit leichtem Druck herauspressen läßt. Die in den Gartenbedarfsgeschäften angebotenen sogenannten Blumenerden sollten nicht verwendet werden. Die Erfahrung zeigt, daß hiermit oft schlechte Ergebnisse erzielt werden. Viele Gärtnereien bieten selbst hergestellte Erde an. Diese Erden sind empfehlenswert. Man sollte dem Gärtner beim Kauf aber sagen, für welchen Zweck man sie verwenden will. Eigene Kompost- oder einfache Gartenerden sind nicht geeignet.

Behandlung der Sämlinge

Die Zeit von der Aussaat bis zum Auflaufen (Keimen) der Sämlinge ist bei den einzelnen Pflanzenarten unterschiedlich. Einige laufen schon nach einer Woche auf, andere Arten brauchen mehrere Wochen.

Vereinzelt – der Gärtner spricht vom Pikieren – wird, wenn sich die Sämlinge im Aussaatgefäß gegenseitig im Wachstum behindern, wenn Platz-, Licht- und Nährstoffmangel für den einzelnen Sämling entstehen. Pikiert wird in flache Schalen (etwa 5 cm tief) oder in flache Blumentöpfe. Der Abstand ist abhängig von der Wuchsstärke der Sämlinge. Es sollte möglichst eng pikiert werden. Enges Pikieren ist nicht nur wegen der besseren Platzausnutzung vorteilhaft, sondern weil sich viele Pflanzen durch das gute Bestandsklima im engen Abstand besser entwickeln. Die Pflanzen sollen bis zum Ansatz der Keimblätter eingesetzt werden; dies ist wichtig für die spä-

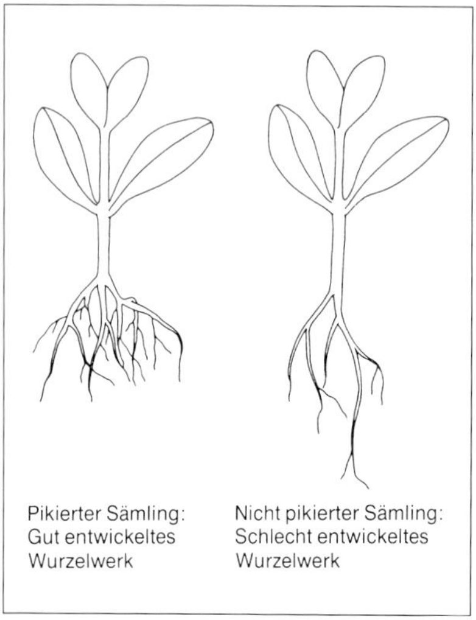

Durch Pikieren wird erreicht, daß die Sämlinge ein reich verzweigtes Wurzelwerk entwickeln und besser anwachsen.

tere Standfestigkeit der Pflanzen und für eine gute Ausbildung des Stammes und des Wurzelansatzes. Die Erfahrung zeigt, daß meist zu flach pikiert wird.

Durch das Pikieren wird auch erreicht, daß die Pflanzen ein reichverzweigtes Wurzelsystem entwickeln. Beim Pikieren wird durch bewußtes oder unbewußtes Abschneiden, Abknipsen oder Abreißen der Hauptwurzel der Sämlinge die Seitenwurzel- und Faserwurzelbildung angeregt. Pikierte Pflanzen sind wegen ihres reich verzweigten Wurzelsystems von der Anwuchsleistung höher einzuschätzen als nichtpikierte Pflanzen, die unmittelbar aus dem Aussaatgefäß genommen werden, eine nur wenig verzweigte Hauptwurzel besitzen und gleich in einen Topf oder eine Schale gepflanzt werden.

Ob ein zweites Mal pikiert wird, ist abhängig von der Wuchsleistung der Pflanze. Ist der Zuwachs sehr stark, wird nach dem ersten Pikieren gleich in einen Blumentopf gepflanzt. Die Größe des Topfes ist abhängig von der Größe des Wurzelballens. Der Topf sollte im Durchmesser um 2 cm größer sein als der Wurzelballen. Als ungefährer Anhaltspunkt für den Zeitraum der einzelnen Maßnahmen mag folgender Zeitplan dienen:

- Erstes Pikieren etwa vier Wochen nach dem Auflaufen der Sämlinge.
- Zweites Pikieren bzw. erstes Einpflanzen nach weiteren sechs bis acht Wochen.

Hat die Pflanze den Topf gut durchwurzelt, wird in einen im Durchmesser um 2 cm größeren Topf verpflanzt. Für Miniaturbonsai ist der 8- bis 10-cm-Topf, für normale Bonsai der 12- bis 16-cm-Topf Endstation, bevor sie in ein Bonsaigefäß gepflanzt werden. Der Endtopf sollte nicht größer gewählt werden als angegeben, um später beim Einpflanzen in die Bonsaischale nicht zuviel Wurzelwerk entfernen zu müssen. Bis zum Erreichen der Endtopfgröße wird nach den schon genannten Kriterien verfahren und die Topfgröße immer um 2 cm gesteigert.

Je öfter eine Pflanze pikiert oder verpflanzt wird, um so besser wird der Zuwachs sein. Immer wieder sieht man, wie Sämlinge in viel zu große Töpfe gepflanzt bzw. wenig oder überhaupt nicht verpflanzt werden, bevor sie in eine Bonsaischale eingepflanzt werden.

Der Zeitpunkt, zu dem das erste Mal in eine Bonsaischale gepflanzt werden sollte, ist insbesondere abhängig von der Wuchskraft der jeweiligen Pflanzenart. Dies kann bei einigen Pflanzenarten schon nach einem Jahr, bei anderen erst nach drei bis fünf Jahren der Fall sein. Genaue Zeitangaben zu machen, ist nicht möglich, da das Wachstum auch von den gegebenen Standortverhältnissen abhängig ist. Bei den Kulturhinweisen sind für die einzelnen Pflanzenarten Erfahrungswerte angegeben.

Nachdüngung

Der Nährstoffvorrat der genannten Erden reicht in der Regel sechs bis acht Wochen, um die Pflanzen mit Nährstoffen zu versorgen. Der Zeitraum ist abhängig von der Wachstumsgeschwindigkeit der Pflanzen und der Jahreszeit. In der lichtarmen Zeit (Herbst–Winter) wird, wenn umgetopft oder pikiert wurde, der Nährstoffvorrat länger anhalten, als in der lichtreichen Zeit (Frühjahr–Sommer = Hauptwachstumszeit). Ist der Nährstoffvorrat aufgebraucht und wird nicht oder nicht mehr umgepflanzt, müssen die Nährstoffe durch eine flüssige Nachdüngung ergänzt werden.

Es sollten nur Mehrnährstoffdünger mit Zusätzen von Spurennährstoffen verwendet werden. Mehrnährstoffdünger, die zur Flüssigdüngung verwendet werden können, gibt es flüssig und auch in Salzform im Handel. Die Anteile der Hauptnährstoffe Stickstoff (N), Phosphor (P) und Kalium (K) sind unterschiedlich hoch. Für die Jungpflanzenanzucht empfiehlt es sich, einen stickstoffbetonten Mehrnährstoffdünger zu verwenden.

Es wird wöchentlich in einer Konzentration von 0,1 bis 0,2% gedüngt. Im Winter ist nur alle zwei bis vier Wochen in der oben angegebenen Konzentration zu düngen. 0,1% entspricht bei Düngern in Salzform 1 g je Liter Wasser, bei Flüssigkonzentraten 1 ml je Liter Wasser (vgl. Seite 75).

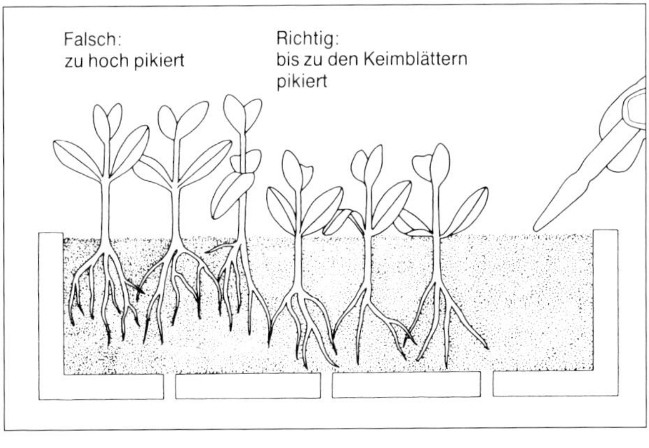

Pikieren bis zu den Keimblättern ist wichtig für die Standfestigkeit der Sämlinge.

Murraya paniculata, Orangenjasmin, 20 Jahre alt, 60 cm hoch, in einer Form gestaltet, die durch die Stammführung wirkt.

Standort

Jungpflanzen müssen hell, aber vor direkter Sonnenbestrahlung geschützt, aufgestellt werden. In der Wohnung eignen sich Ost-, West- und Südfenster. Weniger geeignet sind Nordfenster und Fenster, die durch hohe Bauten oder Bäume stark beschattet sind. Um ein einseitiges Wachsen zum Licht hin zu vermeiden, ist es empfehlenswert, die Pflanzen wöchentlich um 180° zu drehen. Temperaturen unter 18 °C sollten bei Jungpflanzen vermieden werden, da bei niedrigen Temperaturen das Wachstum stark beeinträchtigt ist und bei einigen Pflanzenarten gänzlich aufhört. Anzustreben ist ein Temperaturbereich von etwa 20 °C und höher.

Behandlung bewurzelter Stecklinge

Die Stecklinge werden aus dem Vermehrungsgefäß genommen, wenn sie ausreichend bewurzelt sind und ein deutlicher Zuwachs erkennbar ist. Im Gegensatz zu Sämlingen werden bewurzelte Stecklinge nicht pikiert, sondern gleich in einen Blumentopf eingepflanzt. Die weitere Behandlung ist die gleiche wie die der Sämlinge. Vegetativ vermehrte Pflanzen sind im allgemeinen schneller gestaltungsreif als durch Aussaat vermehrte.

Bonsaigestaltung

Einige Formen

Obwohl auch Stauden, Gräser und Farne als Bonsai gezogen werden, geht man allgemein davon aus, daß Bonsai Bäume sind. Mit der Vorstellung von einem Baum verbinden sich ganz bestimmte Merkmale: Höhe, Größe, ein kräftiger Hauptsproß (Stamm), der eine Krone trägt und unten meist astfrei ist. Der Stamm kann sich schon weit unten verzweigen, jedoch deutlich oberhalb des Bodens.

Im Gegensatz dazu sind Büsche im Wuchs niedriger. Der Stamm fehlt, und sie verzweigen sich im oder knapp über dem Boden. Die Grenzen zwischen Baum und Busch sind aber oft verwischt. Vielfach sind Standort- und Klimaverhältnisse ausschlaggebend, ob eine Pflanzenart wie ein Busch oder wie ein Baum wächst.

Bäume in ihrer Gestalt und ihrem Aussehen sind ein vertrautes Bild. Dort wo die verschiedensten Baumarten nebeneinanderstehen, lassen sich ihre Unterschiede besonders gut erkennen. Jede Baumart hat ihre typischen Eigenheiten, z. B. eine unterschiedliche Anordnung der Äste und Zweige.

Die Baumgestalt ist trotzdem nicht konstant. Der Baum besitzt in hohem Maße die Fähigkeit, sein Erscheinungsbild zu ändern und sich auf die Verhältnisse des Standorts einzustellen. Er kann schließlich einen ungünstigen Standort nicht verlassen, sondern muß sich anpassen. Die Anpassung ist an seiner Gestalt erkennbar. So hat die geographische Verbreitung und die Höhenlage eine beträchtliche Auswirkung auf die äußere Gestalt der Pflanzen. Dem Verbreitungsgebiet jeder Art hat die Natur Grenzen gesetzt. Wo Bäume an diese Grenzen stoßen oder sie gar zu überschreiten versuchen, finden wir zwergige Artgenossen in großer Zahl. Oft sind sie ihren Verwandten in tieferen Lagen kaum noch ähnlich.

Das Erscheinungsbild der Bäume in der Natur ist mannigfaltig und damit auch die verschiedensten Gestaltungsformen, deren sich der Bonsailiebhaber bedienen kann. Ziel der Bonsaigestaltung ist, die Form der ausgewachsenen Pflanzen in der Natur entsprechend im Kleinen wiederzuspiegeln.

In der japanischen Bonsai-Kultur haben sich einige typische Wuchsformen herausgebildet, wie sie auch in der freien Natur vorkommen.

Chokkan – streng aufrecht

Ein senkrecht wachsender Stamm. Die Äste wachsen in allen Richtungen außer nach vorn. Eine Gegenständigkeit der Äste ist zu vermeiden. Im unteren Drittel der Pflanzenhöhe sollte der

Bonsaiformen: Chokkan, Moyogi, Shakan (von oben nach unten).

Baum unbeastet, der Wurzelansatz gut sichtbar sein.

Moyogi – frei aufrecht

Diese Form hat mit der streng aufrechten Form Chokkan den durchgehenden Stamm gemeinsam. Er weist aber im Gegensatz zu Chokkan Windungen auf, die zur Spitze hin enger werden. Die Spitze der Krone befindet sich genau über dem Punkt, wo der Stamm aus dem Boden wächst. Die unteren starken Äste weisen in die der Stammkrümmung entgegengesetzte Richtung.

Sokan – Zwillingsstamm

Der Zwillingsstamm gehört in die Gruppe der Mehrfachstämme, wird aber als selbständige Form angesprochen. Beide Stämme unterscheiden sich hinsichtlich der Länge und Stärke voneinander. Sie bilden – wie auch in der Natur – eine gemeinsame Baumkrone. Man kann auch zwei Pflanzen zusammenpflanzen; sie müssen aber den Eindruck erwecken, daß sie aus einer Wurzel wachsen.

Netsuranari – verbundene Wurzelform

Bei dieser Form wachsen mehrere Stämme aus einer Wurzel. Die Wurzel liegt zumindest an den Stellen, an denen die einzelnen Stämme aus der Wurzel wachsen, offen. Die Wurzel

Bonsaiformen: Kengai, Fukinagashi, Bunjingi (von oben nach unten).

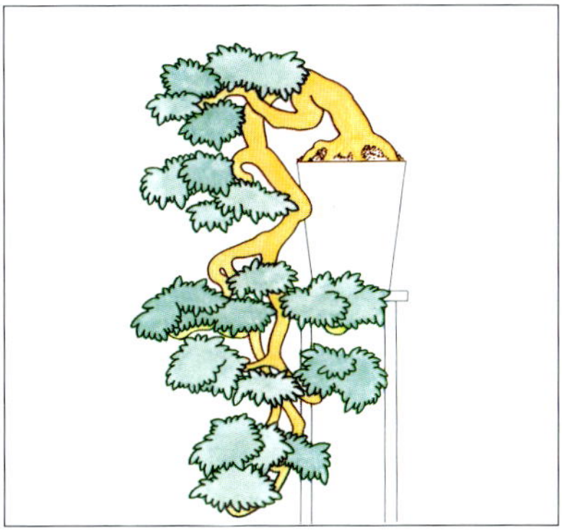

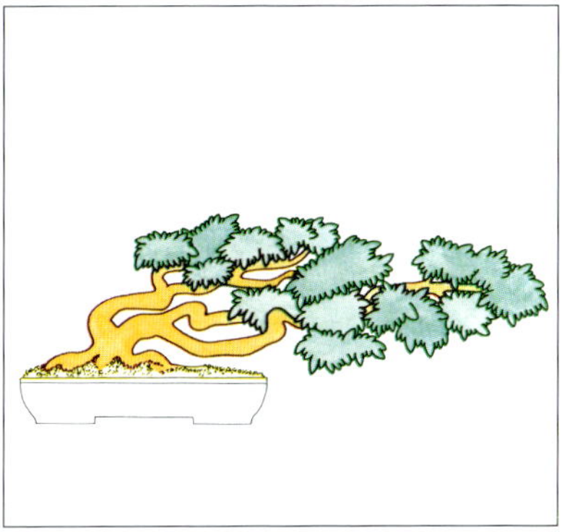

selbst wächst nicht gerade, sondern in mehreren Windungen.

Shakan – geneigte Form

Der durchgehende Stamm neigt sich nach links oder rechts. Bei dieser Form ist besonderes Augenmerk auf den Wurzelansatz zu legen. Besonders starke Wurzeln wachsen in Neigungsrichtung und vermitteln den Eindruck, daß dieser Baum sicher steht.

Han-kengai – Halbkaskadenform

Ähnlich der geneigten Form, aber ohne durchgehenden Leittrieb. Dieser verliert kurz über der Erde seine dominierende Stellung. Ein stark ausgebildeter Seitenast wächst weit über den Schalenrand hinaus bis in die Höhe des Schalenbodens und erinnert an einen Baum, der sich über einen Felsabgrund neigt.

Kengai – Kaskadenform

Diese Baumform erinnert an einen Baum, der weit über einen Felsrand im Gebirge wächst und in die Tiefe weist. Die Kaskadenform spiegelt den ständigen Kampf ums Überleben wider, dem Pflanzen ausgesetzt sein können. Für diese Form werden besonders hohe Pflanzgefäße verwendet. Die Spitze der Pflanze reicht weit über den Topfboden hinunter. Stamm und Äste sind gewunden wie bei der frei aufrechten Form.

Bonsaiformen: Hokidachi (oben links), Kabudachi (Mitte links). Ikadabuki (unten links), Yose-ue (oben rechts), Sekijoju und Ishitsuki (Mitte rechts).

Rechts: Ficus benjamina 'Elfi' (Birkenfeige), 12 Jahre, 45 cm hoch. Eine Gruppenpflanzung mit gemeinsamer Krone, bei der jedes einzelne Stämmchen sein eigenes Wurzelwerk besitzt.

Ficus benjamina 'Elfi' als Waldform. Waldpflanzungen werden in flache, großflächige Gefäße gepflanzt, da sich in solchen Schalen der Eindruck eines Waldes besser erzielen läßt.

Fukinagashi – windgepeitschte Form

Ähnlich der geneigten Form. Allerdings weisen hier nicht nur der Stamm in eine Richtung, sondern auch alle Äste und Zweige. So wird der Eindruck vermittelt, daß der Baum ständigem Wind aus einer Richtung ausgesetzt ist. Die windgepeitschte Form kann auch mehrstämmig sein.

Bunjingi – Literatenform

Bei der Literatenform ist nur die Spitze des Baumes beastet, während der übrige Teil unbeastet und unbeblättert ist. Der Stamm ist schlank aufrecht oder geneigt. Die Form wird ein- oder mehrstämmig gezogen.

Sekijoju und Ishitsuki – Felsenform

Hier wachsen ein bzw. mehrere Bäume auf einem Felsen, wobei die Wurzeln keinen Kontakt zum Schalenboden haben. Oder die Wurzeln umwachsen (umklammern) einen Stein und wachsen in die Erde. Dies vermittelt den Eindruck einer festen Verankerung der Pflanze. Als Felsen eignen sich Steine mit rauher Oberfläche, mit Ritzen, Spalten oder Mulden.

Hokidachi – Besenform

Diese Form hat eine starke ausgeprägte Krone, wie wir sie von alten Dorflinden her kennen. Die Wuchsform ist ähnlich der streng aufrechten Form, der Stamm löst sich aber im Gegensatz zu dieser etwa im oberen Drittel auf. Die Krone kann sich aus einem durchgehenden Leittrieb bilden oder aus mehreren gleichwertigen Ästen bestehen. Das Verhältnis von Krone zur Länge des Stammes beträgt 2 : 1.

Kabudachi – Mehrfachstamm

Dieser Gruppe gehören mehrstämmige Bonsais an, die aus einem Wurzelstock wachsen. Die Stämme treten dicht als eine Einheit aus dem Boden heraus oder haben einen sehr kurzen gemeinsamen Stamm. Es ist verpönt, mehrstämmige Bonsais mit einer geraden Anzahl von Stämmen zu ziehen.

Ikadabuki – Floßform

Diese Form vermittelt den Eindruck eines umgeworfenen Baumes, aus dem die Äste als Stämme senkrecht nach oben wachsen. Die einzelnen Stämme liegen im Gegensatz zum Netsuranari in einer Linie.

Yose-ue – Waldform

Diese Form vermittelt dem Betrachter den Eindruck, einen Wald vor sich zu haben. Die Waldform besteht aus der Zusammenpflanzung einzelner Bäume der gleichen Art.

Beschneiden der Pflanzen

Das Beschneiden gehört zu den wichtigsten Arbeiten der Bonsaigestaltung bzw. Erziehung. Dazu muß man das Einmaleins des Schneidens kennen, insbesondere Kenntnisse über die natürlichen Wuchsgesetze haben.

Grundsätze der Triebbildung

Die neuen Triebe der Bäume entwickeln sich aus Knospen bzw. Augen.

Am Beispiel dieser Pflanze wird das Gesetz der Spitzenförderung deutlich.

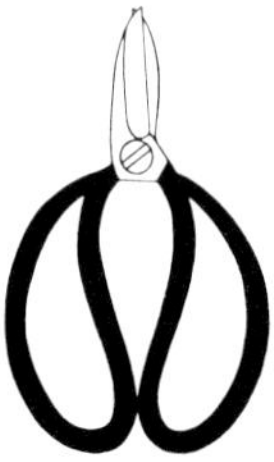

Schere zum Schneiden von Trieben, Ästen und dünneren Zweigen

Pinzette zum Abzwicken von jungen Trieben, Bodenbearbeitung, Aufbringen von Moos

Konkavzange, mit der Äste ganz dicht am Stamm abgeschnitten werden können

Drahtzange

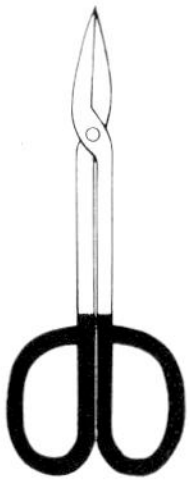

Schere zum Schneiden feiner Triebe

Blattschneider

Zange zum Schneiden dicker Wurzeln

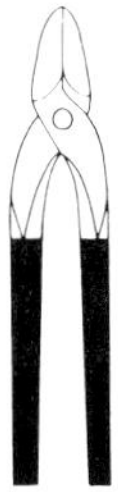

Zange zum Entdrahten

Besen zum Glattfegen der Erdoberfläche

Die wichtigsten Werkzeuge für die Arbeiten an Bonsai.

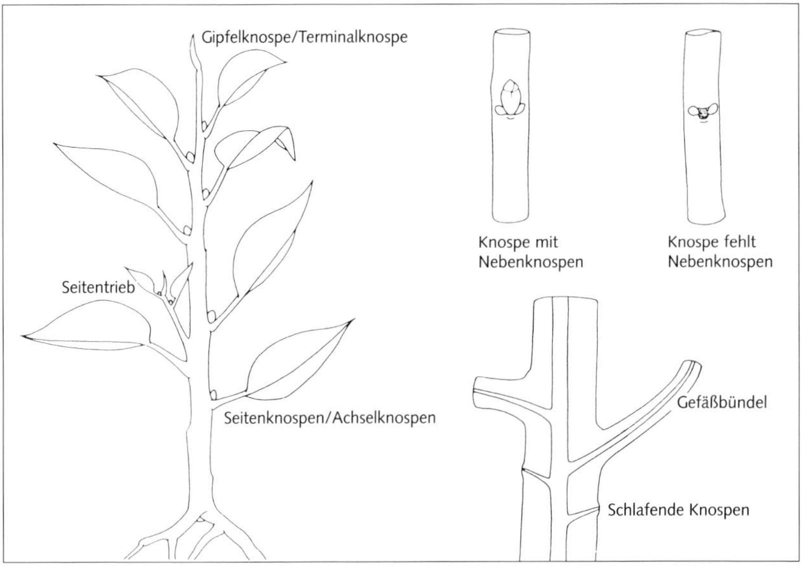

Die verschiedenen Knospenarten (rechte Seite).

Die Bezeichnung Knospe für das jüngste Organ des Triebes gilt für den unbelaubten Trieb. Im belaubten Zustand bezeichnet man das gleiche Organ als Auge. Da die Bezeichnung Knospe hierzulande im allgemeinen geläufiger ist, wird nachfolgend von Knospen die Rede sein. Man unterscheidet folgende Arten von Knospen:

Gipfelknospe oder Terminalknospe. Sie ist die Endknospe an der Spitze eines nicht angeschnittenen Triebes.

Seitenknospen oder Achselknospen. Sie befinden sich in den Blattachseln der Triebe. Die Größe ist je nach Art und Entwicklungsstadium unterschiedlich. Sie schwankt von mikroskopisch klein, über kaum sichtbar bis deutlich sichtbar.

Nebenknospen. Viele Baumarten besitzen noch sogenannte Nebenknospen. Das sind Knospen, die am Grunde einer Gipfel- oder Seitenknospe sitzen. Sie treiben als begleitende Knospen neben der eigentlichen Hauptknospe dann aus, wenn die Hauptknospe abgestorben ist.

Schlafende Knospen (Adventivknospen). Diese Knospen sind während des normalen Wachstums angelegte Reserveknospen, die jedoch nicht voll ausgebildet sind. Sie sind äußerlich nicht sichtbar, dabei jedoch stets vorhanden und funktionsbereit. Sie werden im Zuge des Dickenwachstums weiter nach außen befördert und liegen dicht unterhalb der Rinde. Auf besondere Veranlassung, z. B. durch den starken Rückschnitt eines Astes oder des Stamms, treiben diese schlafenden Knospen aus, wenn keine anderen Knospen mehr vorhanden sind. Schlafende Knospen bleiben Jahrzehnte entwicklungsfähig. Vielfach stammen die Sprosse, die beispielsweise nach einer Verletzung aus alten Stämmen oder Stümpfen hervorbrechen, aus solchen schlafenden Knospen.

Blütenknospen. Aus ihnen entspringen die Blüten. Blütenknospen können Gipfelknospen oder auch Seitenknospen sein.

Wachstumsgesetze

Der Austrieb von Knospen unterliegt gewissen Gesetzmäßigkeiten. Je nachdem, welche Stellung ein Trieb innerhalb des Baumes einnimmt, wird er im Wuchs begünstigt oder vernachlässigt.

Spitzenförderung. Das Gesetz der Spitzenförderung besagt, daß stets die Knospe am kräftigsten austreibt, die an der Spitze oder besser gesagt, am höchsten steht. Dies gilt nicht nur für die Stammverlängerung, sondern auch für die Seitentriebe. Außerdem gilt dies nicht nur für die Knospen eines Triebes, sondern auch für die Knospen der benachbarten Triebe. Überragt z. B. ein Seitentrieb die Stammverlängerung, so wird er auch stärker austreiben. Grundsätzlich ist jede höhere Knospe an einem Trieb zu stärkerem Austrieb befähigt als die tieferstehenden. Wird die Gipfelknospe mit einem Stück Trieb entfernt, so ist die verbleibende, am höchsten stehende Knospe zum stärkeren Austrieb befähigt. Das Gesetz der Spitzenförderung zwingt dazu, bei allen Gestaltungsformen darauf zu achten, daß die unteren Kronenteile breiter bleiben als die oberen. Sonst übernehmen die oberen derart die Führung im Wachstum, daß die unteren Äste zurückbleiben, d. h. kurze schwache Triebe ausbilden.

Oberseitenförderung. Steht ein Trieb waagerecht, so ist nicht mehr die Spitzenknospe (Terminalknospe), sondern die auf der Oberseite des Triebs stehenden Knospen (sie stehen jetzt am höchsten) im Austrieb gefördert.

Scheitelpunktförderung. Ist ein Trieb aber so stark gebogen, daß die Spitzenknospe nach unten zeigt, so sind die am höchsten stehenden Knospen und in abnehmender Reihenfolge die nach rechts und links folgenden Knospen im Austrieb bevorzugt.

Zeitpunkt der Schnittmaßnahmen

Zimmerbonsai haben keine scharf abgegrenzten Wachstumszeiten, wie wir das von herkömmlichen Bonsais kennen. Man kann sich das ganze Jahr über mit ihnen beschäftigen, d. h. auch Schnittmaßnahmen durchführen. Allerdings ist das Wachstum nicht das gesamte Jahr über gleichmäßig. Da das Wachstum nicht nur von der Temperatur abhängt, sondern auch vom Lichtangebot (Intensität und Tageslänge), verzeichnet man die größten Wachstumsraten in den Frühjahrs- und Sommermonaten (lichtreiche Monate), während in den Wintermonaten das Wachstum je nach Pflanzenart nachläßt oder ganz aufhört.

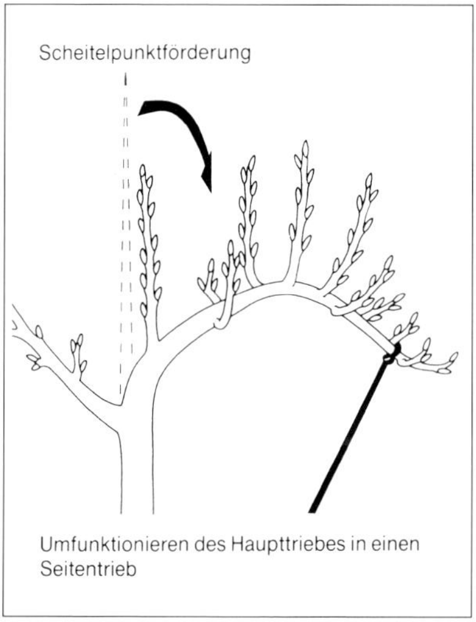

Scheitelpunktförderung und wie man durch Herunterbinden einen Haupttrieb in einen Seitentrieb umfunktionieren kann. Aus einer Seitenknospe entsteht ein neuer

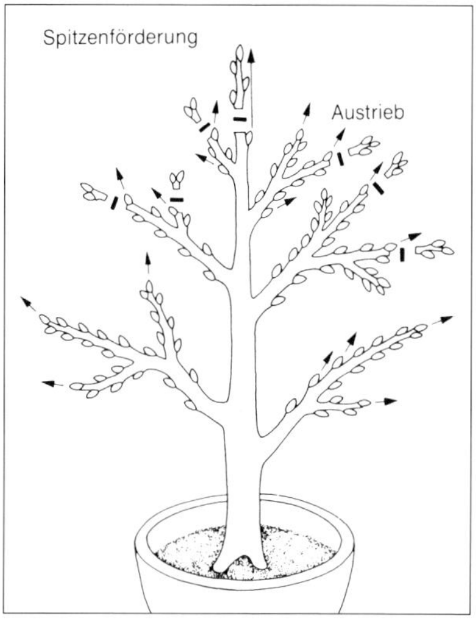

Haupttrieb (oben links). Spitzenförderung (oben rechts). Oberseitenförderung (unten rechts).

Technik des Schneidens

Werden Äste ganz entfernt und sind sie stärker als ein Bleistift, sollte der Schnitt leicht konkav sein und direkt am Stamm oder Ast durchgeführt werden. Zur Durchführung des Konkavschnittes gibt es eine Spezialzange. Bei einem so durchgeführten Schnitt wächst die Wunde ohne Schwierigkeiten zu und hinterläßt eine kaum sichtbare Narbe.

Die Ausführung des Schnittes erfolgt wie beim Schnitt von Obstgehölzen. Die Triebe werden immer dicht über einer Knospe geschnitten. Der Schnitt selbst erfolgt entweder rechtwinklig zur Längsachse des Triebes

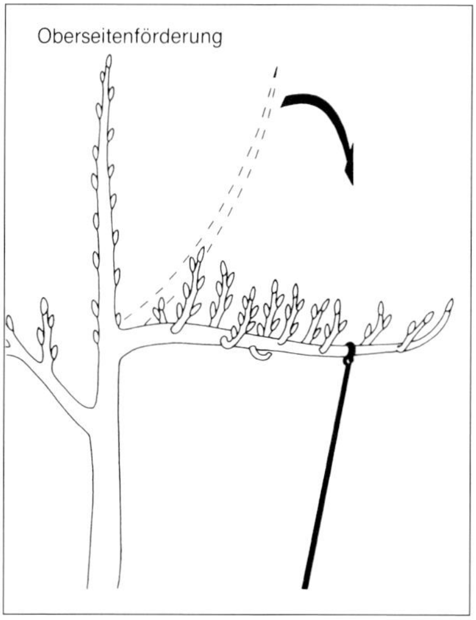

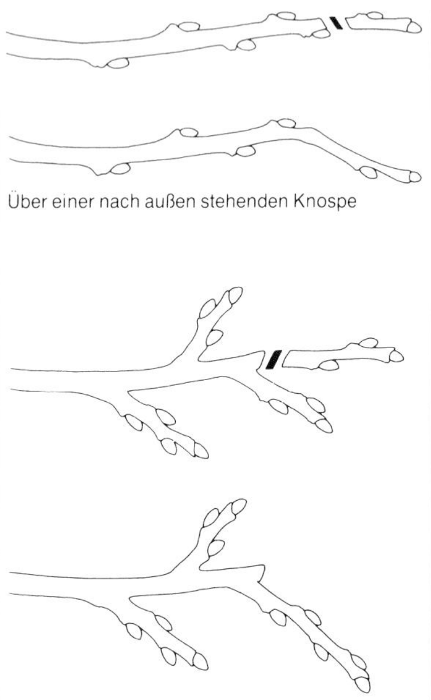

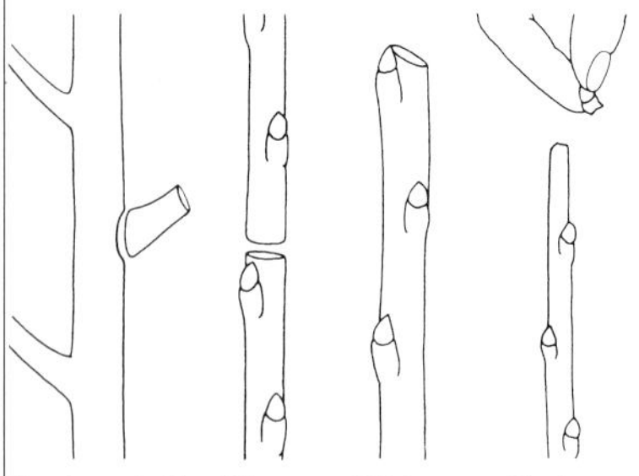

Schnitt der Äste und Zweige (links). Technik des Schneidens bei verschiedenen Trieben (unten).

oder etwas schräg dazu. Bei dünnen Trieben wird der Schnitt rechtwinklig zur Längsachse des Sprosses geführt, dicht über der Spitze einer Knospe. Sind die Triebe stärker, so wird der schräge Schnitt vorgezogen. Hierbei beginnt der Schnitt gegenüber der Knospenbasis und endet über der Knospenspitze. Der im rechten Winkel geführte oder nur mäßig ansteigende Schnitt ergibt eine kleine Wunde und sichert die Knospe vor dem Eintrocknen. Auf keinen Fall sollte der Schnitt tiefer als die gegenüberliegende Knospenbasis angesetzt werden.

Schlecht ist auch, wenn der Schnitt durch das Internodium (Teilstück zwischen den Blattknoten) geführt wird, weil dann ein zurücktrocknender Zapfen stehen bleibt.

Junge, weiche Triebe werden pinziert bzw. entspitzt. Darunter versteht man ein Auskneifen der jungen, noch weichen Spitzen mit den Fingernägeln (siehe Abbildung).

Besonderheiten bei Nadelgehölzen

Die Schere darf bei Nadelgehölzen nur an bereits verholzten Trieben eingesetzt werden, d. h. zum Auslichten und Entfernen unerwünschter Zweige. Junge Triebe werden, falls sie die spätere Baumform beeinträchtigen, nur eingekürzt. Alle unerwünschten Jungtriebe werden bald nach Erscheinen

Bei Nadelgehölzen werden die Triebspitzen von Hand abgeknipst (pinziert).

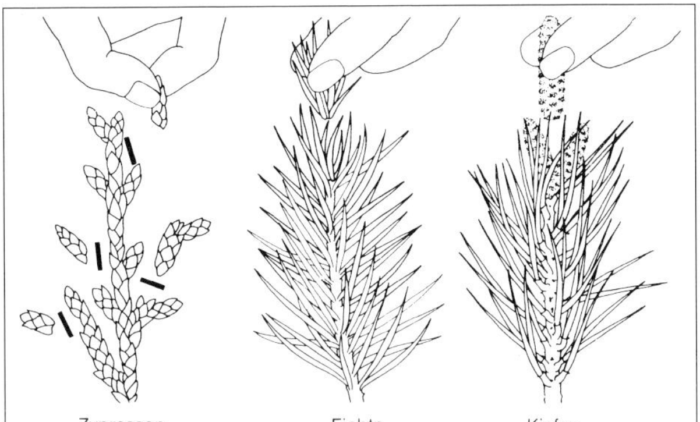

durch Abdrehen oder Abknipsen ganz entfernt oder so weit eingekürzt, wie die Zweige wachsen sollen. Erscheinen an einem Punkt mehrere Triebe, werden einer bis zwei belassen, die übrigen ganz entfernt. Dies ist besonders beim Haupttrieb wichtig, damit eine schnelle Verlängerung des späteren Stammes erreicht wird.

Schnittmaßnahmen an Jungpflanzen

Der Sproß, später Stamm der höheren Pflanze, entwickelt sich beim Keimling aus der Sproßanlage im Samen. Diese Hauptachse ist im Jugendstadium noch beblättert und wächst senkrecht nach oben. An der Spitze befindet sich die Gipfelknospe (Terminalknospe). Die Pflanze ist zunächst noch unverzweigt, trotzdem werden in dieser Phase eng begrenzte Zellkomplexe (Vegetationspunkte) Seitenknospen oder Achselknospen angelegt und zwar dort, wo die Blattansätze (Knoten oder Nodium) sind (siehe Seite 37).

Normalerweise wächst die Gipfelknospe einer Pflanze schneller als die Seitenknospen, obwohl sie ihrer Lage wegen gegenüber den Seitenknospen in der Versorgung mit Assimilaten, Wasser und Nährstoffen durch die Wurzel benachteiligt sein sollte. Die Bevorzugung der Gipfelknospe – die Apikaldominanz – ist bei den einzelnen Pflanzenarten unterschiedlich ausgeprägt.

Viele Bäume wachsen zunächst unverzweigt, im Laufe der Entwicklung läßt aber die Dominanz der Gipfelknospe nach und die Pflanze beginnt sich von unten her zu verzweigen. Die Dominanz der Gipfelknospe bleibt aber weiter bestehen, die Seitenzweige können die Gipfelknospe im Wachstum nicht überholen.

Entfernt man die Gipfelknospe, kann ein unverzweigter Sproß zur Verzweigung gebracht werden. Schön verzweigte Topfpflanzen, wie wir sie im Blumenhandel kaufen können, sind durch häufiges Entfernen der Gipfelknospe entstanden.

Die Größe (gemeint ist die Höhe) von fertigen Bonsai reicht von 5 bis 90 cm. Die gebräuchlichste Höhe liegt zwischen 20 und 50 cm. Diese Höhen liegen fast immer unterhalb der natürlichen Verzweigung der Bäume in der freien Natur. Deshalb ist es notwendig, rechtzeitig für eine ausreichende Verzweigung zu sorgen.

Man stutzt die Pflanzen allgemein das erste Mal, wenn der Haupttrieb eine Länge von etwa 15 cm hat. Diese Maßangabe kann allerdings nur ein Anhaltspunkt sein. Wie tief das erste Mal gestutzt wird, ist abhängig von der späteren Höhe des Bonsai. Eine Gestaltungsregel besagt, daß bei fertigen Bonsai das untere Drittel des Stammes frei von Seitenverzweigungen sein sollte. Tief stutzen ist empfehlenswert, weil, wie schon beschrieben, die der Schnittstelle am nächsten liegende ruhende Knospe im Austrieb bevorzugt ist. Man kann also nicht erwarten, daß bei einer Pflanze mit einem 20 cm langen unverzweigten Sproß nach Entfernen der Gipfelknospe sämtliche ruhenden Seitenknospen austreiben.

Durch wiederholtes Entfernen (Stutzen) der Gipfelknospen der Neuaustriebe wird die Apikaldominanz der Spitzen immer wieder gebrochen, und man erhält eine stark verzweigte Pflanze. Die Neuaustriebe sollten etwa 5 cm lang sein, bevor wieder gestutzt wird.

Das Stutzen wird bei krautigen Trieben durch Abknipsen der Sproßspitzen mit den Fingernägeln durchgeführt (Pinzieren). Leicht verholzte Triebe bzw. verholzte Triebe werden mit einer scharfen Bonsaischere abgeschnitten.

Auch das Stutzen der Pflanzen ist der Natur abgeschaut. Die in freier Natur gesammelten Zwergformen von Bäumen sind oft durch Wildverbiß entstanden, oder aber Wind und Wetter haben die Gipfelknospen immer wieder zerstört. Die Pflanzen sind aufgrund ihrer enormen Regenerationsfähigkeit in der Lage, sich durch verstärkten Neuaustrieb am Leben zu halten. So entstehen in der freien Natur Zwergformen von Bäumen. Eine reichverzweigte Pflanze ist ein gutes Ausgangsmaterial für fast alle Gestaltungsformen. Der Zeitraum, bis mit der eigentlichen Gestaltung begonnen werden kann, ist von Pflanzenart zu Pflanzenart verschieden und hängt von deren Wuchsstärke, der späteren Bonsaigröße und Form ab. Dies kann nach einem Jahr der Fall sein (bei Miniaturbonsai), aber auch bis zu fünf Jahren dauern. Erfahrungswerte, wann mit der eigentlichen Gestaltung begonnen werden kann, sind den Kulturhinweisen zu entnehmen.

Wie der erfahrene Bonsailiebhaber schon im Jugendstadium auf die spätere Form durch entsprechende Schnittmaßnahmen Rücksicht nehmen kann, ist nachfolgend beschrieben.

Zwischen den Bonsaiformen gibt es hinsichtlich der Stellung der Stammverlängerung Übergänge. Beispielsweise läßt sich ein Bonsai mit durchgehender Stammverlängerung derart gestalten, daß er der Besenform zugeordnet wird. Hierbei verjüngen sich die Seitenäste zur Spitze hin. Die Pflanze erhält eine mehr oder weniger kugelige Gestalt. Dies führt bei »Bonsai-Experten« oft zu Streitigkeiten, ob es sich nun um einen Chokkan (streng aufrechte Form) oder um einen Hokidachi (Besenform) handle.

Chokkan – streng aufrechte Form

Die streng aufrechte Form zeichnet sich durch einen senkrecht wachsenden Stamm aus. Allein durch Schnittmaßnahmen läßt sich ein senkrechtes Wachstum erreichen. Die Stammverlängerung wird so zurückgenommen, daß sie die Seitentriebe etwas überragt. Unterhalb der Schnittstelle muß eine kräftige Knospe vorhanden sein. Beim nächsten und jedem weiteren Rückschnitt muß die Knospe auf der gegenüberliegenden Seite des letzten Austriebs stehen, damit der Stamm senkrecht weiterwächst.

Bei gegenständiger Knospenstellung kommt es nach dem Entfernen der Gipfelknospe zwangsläufig zum Austrieb zweier gleichwertiger Seiten-

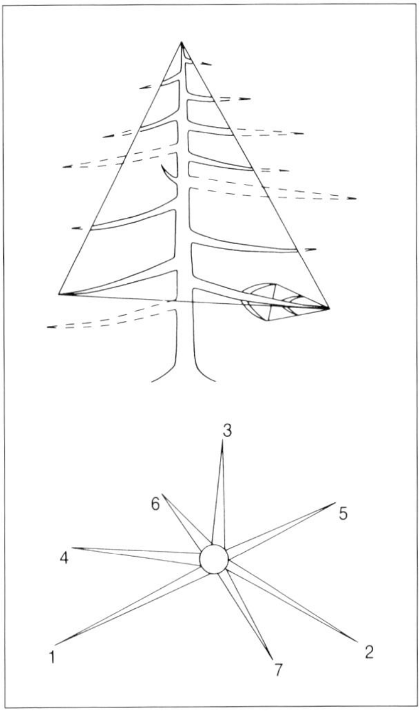

Wuchsrichtung der Äste bei der streng aufrechten Form, von vorn und von oben gesehen.

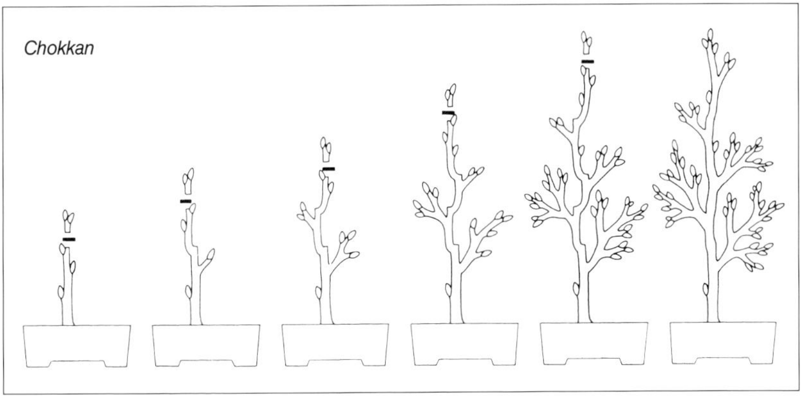

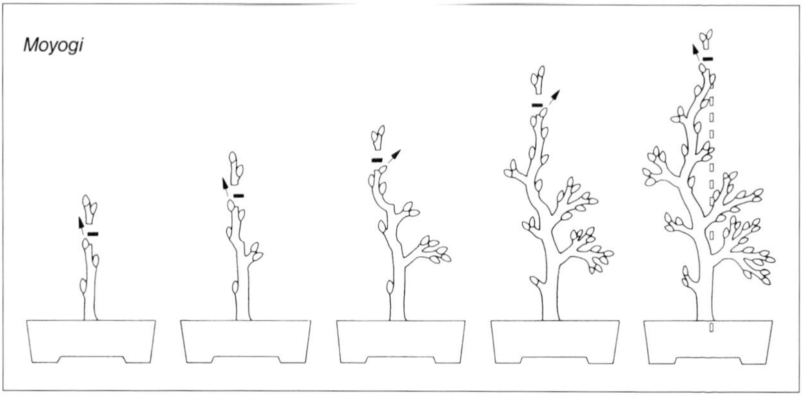

knospen und damit zu einer gabelförmigen Verzweigung. Zu dieser Verzweigung kann es auch kommen, wenn die Internodien stark gestaucht sind und die Knospen dicht beieinander stehen. In solchen Fällen ist die an der falschen Seite sitzende Knospe rechtzeitig zu entfernen.

Moyogi – frei aufrechte Form

Bei der frei aufrechten Form haben wir es ebenfalls mit einem durchgehenden Stamm zu tun, nur der Verlauf des Stammes ist anders. Er dreht sich in Windungen, die zur Spitze hin enger werden. Man schneidet die Stammverlängerung so an, daß die stehengebliebene Knospe in die Richtung zeigt, in die eine Richtungsänderung der Stammverlängerung gewünscht wird. Dies ist an den Neuaustrieben kurz hintereinander (mindestens zweimal) zu wiederholen. Nur so wird eine deutliche Richtungsänderung möglich. Die ideale Form wird in den meisten Fällen ohne andere Gestaltungshilfen nicht zu erreichen sein.

Kabudachi – Mehrfachstamm

Man läßt die Pflanze zunächst ungehindert wachsen. Wenn der Stamm eine gewisse Stärke aufweist, wird er kurz über der Erdoberfläche abgeschnitten.

Nach dem Austrieb des Stumpfes werden überflüssige Triebe, je nachdem, ob es ein Zwillings- oder Dreierstamm usw. werden soll, entfernt. Die belassenen Triebe ergeben die späteren Stämme.

Hokidachi – Besenform

Die Besenform zeichnet sich dadurch aus, daß die Stammverlängerung nach einer gewissen Wachstumsphase ihre dominierende Stellung aufgibt. Die oberen Seitentriebe, die spätere Krone, sind im Wachstum gleichberechtigt.

Kabudachi

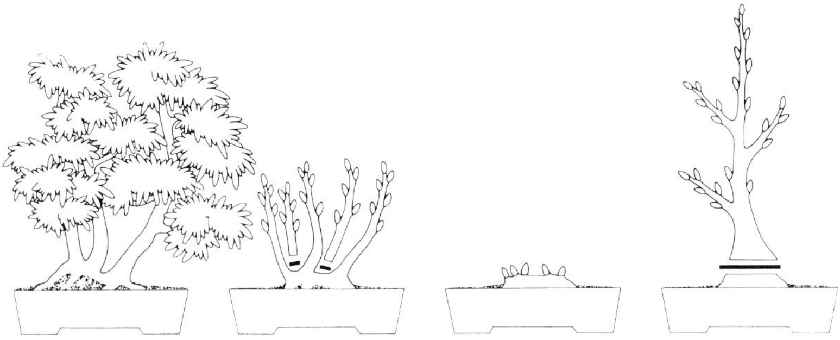

Hokidachi

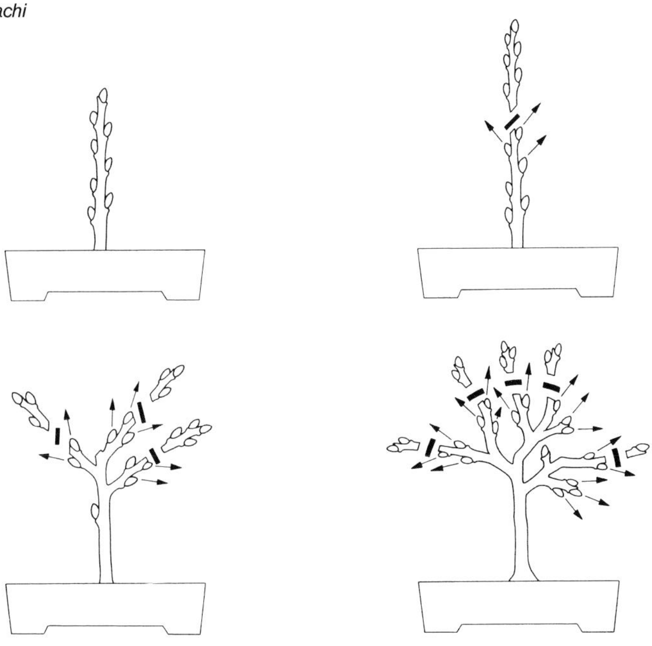

Ausgangspflanze mit natürlicher Triebbildung

Ausgangspflanze, Triebe zu einem Reisigbesen zusammengebunden

Endprodukt eine Pflanze deren Krone einem Reisigbesen ähnelt

Ausgangspflanze mit natürlicher Triebbildung

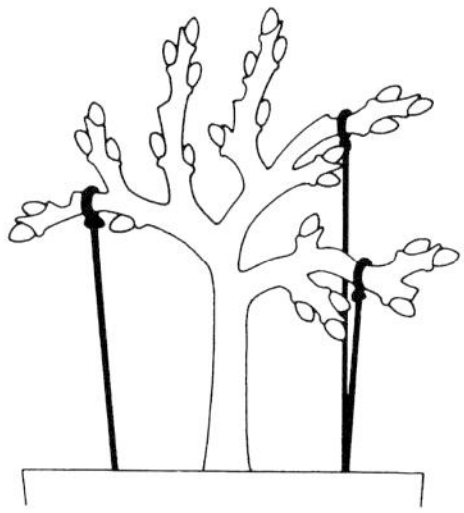

Ausgangspflanze die einzelnen Triebe herunter-gebunden

Endprodukt eine Pflanze mit einer kugeligen bzw. schirmförmigen Krone

Gestaltung der Besenform durch Hochbinden der Äste (linke Spalte). Gestaltung der Kugelform (rechte Spalte).

Bei Gestaltung der Besenform läßt man die Jungpflanze zunächst ungehindert wachsen, bis der Leittrieb die gewünschte Stammhöhe erreicht hat. Dann wird die Gipfelknospe entfernt. Die obersten unter der Schnittstelle sitzenden Knospen treiben aus. Von den entstehenden Trieben beläßt man soviele, wie man Hauptäste haben will. Überflüssige, unterhalb stehende Seitentriebe werden bis zum Stamm entfernt. Die oberen Triebe werden später auf gleiche Höhe geschnitten und sind so im Wachstum gleichberechtigt. Neuaustriebe an den Ästen werden immer wieder kurz zurückgeschnitten.

In der Jugendphase braucht man beim Schnitt auf die Knospenstellung noch keine Rücksicht zu nehmen. So kann man die Krone, ähnlich wie beim Schnitt einer Hecke, in eine Kugel-, Schirm- oder runde Form bringen. Ist die Krone sehr dicht geworden, ist ein Teil der Zweige und Äste, entsprechend den Richtlinien bei allgemeinen Schnittmaßnahmen (siehe Seite 38), zu entfernen. Zu diesem Zeitpunkt wird auch Rücksicht auf die Stellung der Knospen genommen. Das Endziel sollte eine locker aufgebaute Krone sein, wie bei den Bäumen in der freien Natur.

Bei einigen Pflanzenarten reichen Schnittmaßnahmen oft nicht aus, um die gewünschte Besenform zu gestalten. Will man die Krone so gestalten, daß sie einem Reisigbesen ähnelt, sind die Äste zusammenzubinden, wie es die Abbildung auf Seite 46 zeigt.

Bei einer schirmförmigen Krone (kugelig, rund) müssen die Äste bei zu starkem aufrechten Wuchs, meist annähernd in die Waagerechte gebunden werden (siehe Abbildung Seite 46). Dazu befestigt man Drähte oder Schnüre an den betreffenden Ästen und führt sie gespannt an einen Befestigungspunkt im oder am Gefäß. Wichtig ist, daß die Stelle, wo der Draht oder die Schnur am Ast befestigt wird, gepolstert ist. Man nimmt z. B. Schaumgummi, um eine Verletzung der Rinde zu vermeiden. Nach etwa vier bis sechs Monaten, wenn die gewünschte Stellung erreicht ist, wird der Draht oder die Schnur wieder entfernt.

Formschnitt (Aufbauschnitt, Erziehungsschnitt)

Aus den Grundzügen des erblich festgelegten Bauplans kann die Baumart nicht heraus. Für die Unterschiede der Umwelt (Witterung, Tier, Mensch) bleibt dagegen ein Anpassungsspielraum offen. Durch Eingriffe in diesen Spielraum, d. h. entsprechenden Schnitt, bringt man die Baumarten auf bonsai-gerechte Größen (siehe Seite 41). Weitergehende gestalterische Maßnahmen führen den Bonsai in eine der Natur entsprechende Form zurück.

Welche Äste entfernt werden, richtet sich nach der zukünftigen Gestalt des Bonsai. Grundsätzlich werden Äste entfernt, die nach innen, senkrecht nach oben oder nach unten wachsen. Ebenfalls Äste, die direkt übereinander und auf gleicher Höhe stehen. Für die spätere Gestaltungsform unbedeu-

Erste formende Schnittmaßnahmen am Beispiel von Ficus benjamina.
Oben: Ausgangspflanzen.
Unten: Nach der Gestaltung. Bei der rechten Pflanze ist das Ziel eine frei aufrechte Form, bei der mittleren Pflanze eine streng aufrechte Form und bei der Pflanze auf der linken Seite eine Besenform.

Instandhaltungsschnitt.

tende Triebe werden über einen längeren Zeitraum hinweg nach und nach entfernt.

Die Bedeutung eines Astes und sein Einfluß auf das Gesamtbild läßt sich prüfen, indem man den Ast mit der Hand abdeckt. Ist der gesamte Baum auch ohne diesen Ast noch ausdrucksstark, kann er entfernt werden. Man sollte also nicht vorschnell handeln.

Nach dem ersten Auslichten werden die Äste in verschiedene Richtungen gebogen, um herauszufinden, wie die veränderte Linienführung wirkt. Erst nachdem man sich vergewissert hat, schneidet man die verbliebenen Äste auf die richtige Länge zurück.

Nach den traditionellen Gestaltungsgesetzen soll der Stamm im unteren Drittel unverästelt sein. Im mittleren Drittel dominieren die Hauptäste und im oberen Drittel feine, junge Äste, die sich zur Spitze hin verjüngen.

Seitenastbildung

Beim Beschneiden der Stammverlängerung werden in der Regel genügend weiter unten stehende Knospen zum Austrieb angeregt. Stehen die Triebe günstig, werden sie durch Schnittmaßnahmen zu Ästen erzogen. Sie werden entweder über einen vorhandenen Seitentrieb als Verlängerungstrieb oder über einer nach außen stehenden Knospe geschnitten (siehe auch Abbildung Seite 40). Bei der Anordnung der Äste ist Symmetrie weitgehend zu vermeiden. Ungünstige und überflüssige Triebe werden direkt am Stamm entfernt. Schwerpunkt aller Schnittarbeiten ist der Stamm; er muß herausgearbeitet werden.

Instandhaltungsschnitt (Erhaltungsschnitt)

Ein Bonsai muß regelmäßig beschnitten werden, um ihn in die gewünschte Form zu bringen und um die Form zu erhalten. Die einzelnen Schnittarten gehen ineinander über und lassen sich manchmal nicht klar trennen.

Es ist immer wieder notwendig, die Neuaustriebe auf ein bis zwei Blattansätze zurückzunehmen, um das Längenwachstum in Grenzen zu halten. Durch wiederholten Rückschnitt der Triebe werden die einzelnen Zweige und Äste buschiger, die Verästelung der gesamten Baumkrone feiner. Da der Schnitt auch schlafende Knospen zum Austrieb bringt, verbessert er von Mal zu Mal die Wahlmöglichkeiten bei der Erziehung. Bei diesen Schnittmaßnahmen ist wieder besondere Rücksicht auf die Stellung der Knospen und damit auf die Wuchsrichtung zu nehmen. Klare Gegenständigkeit von Zweigen sollte vermieden werden.

Bei blühenden Zimmerbonsai ist mit dem Schnitt bis nach der Blüte zu warten. Ob mit der Schere geschnitten oder nur pinziert wird, ist abhängig vom Verholzungsgrad der Triebe. Auf Besonderheiten wird bei den Kulturhinweisen eingegangen.

Auslichtungsschnitt

Bei älteren Bonsai, die ihre Endgröße erreicht haben, geht es nicht nur um die Erhaltung der äußeren Form, sondern auch um die Erhaltung der Lebenskraft und der Gesundheit des Bonsai. Der Schnitt muß nun zu einer ständigen Ersatzbildung von alternden und funktionsuntüchtig gewordenen Teilen führen. Es genügt also bei älteren, geformten Bonsai nicht, nur die überlangen Triebe einzukürzen, die über die angestrebte Form des Bonsai hinausgewachsen sind.

Will man die Lebenskraft seines Bonsai erhalten, ist alle zwei bis vier Jahre ein stärkeres Auslichten der fertigen Baumkrone notwendig. Das Wort Auslichten weist schon darauf hin, daß dabei in erster Linie zu dichtes, schlecht belichtetes Holz entfernt wird. Wenn zahlreiche Äste und Zweige dicht gedrängt neben- und durcheinander stehen, verkahlt das Kroneninnere oder auch nur der untere Teil einzelner Äste allmählich von der Basis her. Dies hängt damit zusammen, daß die Wachstumskräfte einseitig auf die Spitzen der Triebe ausgerichtet sind (siehe auch Seite 39), was noch durch den Rückschnitt der Triebe während des Wachstums unterstützt wird.

Wer ein Gefühl für Formen hat – im Grunde genommen eine Voraussetzung für die Bonsaigestaltung –, dem wird es nicht schwerfallen, das Richtige herauszuschneiden. Ein kritischer Blick genügt meist, um zu sehen, wo ein Übermaß an Trieben und Zweigen weggenommen werden muß (siehe Abbildung). Bei einem Rückschnitt ins alte Holz kann in der Regel nicht auf eine Knospe geschnitten werden. Man kann aber erwarten, daß genügend schlafende Knospen vorhanden sind, die schließlich austreiben.

Bei dieser Sageretie ist der Rückschnitt der Triebe überfällig.
Oben: Vor dem Rückschnitt. Unten: Danach.

Citrus aurantiifolia nach einem Blattschnitt, nur die Blattstiele bleiben stehen.

Im Laufe der Wachstumsperiode ist der Neuaustrieb zu sichten und in die Gestaltungsform einzuordnen. Die Krone wird sonst schnell wieder zu dicht, da durch das zeitweise Wurzelübergewicht viele der schon im Jugendstadium angelegten Reserveknospen neu austreiben. Unterbleibt die Nachbehandlung, war das Auslichten umsonst.

Blattschnitt

Die Blätter eines idealen Bonsai sollten die richtige Größe im Verhältnis zur übrigen Gestalt des Baumes haben. Stimmt dieses Verhältnis nicht, sind Korrekturmaßnahmen erforderlich. Um bei großblättrigen Pflanzenarten die Blätter zu verkleinern, werden die ausgewachsenen Blätter so beschnitten, daß die Stiele an den Ästen verbleiben. Der Baum entwickelt bald darauf neue, kleinere Blätter.

Voraussetzung für den Blattschnitt ist ein gesunder Bonsai. Eine Entlaubung ist eine Schwächung und geht an die Substanz einer Pflanze. Der Blattschnitt ist dennoch kein unnatürlicher Vorgang. Für viele Pflanzenarten ist die Fähigkeit, z. B. nach witterungsbedingtem Blattverlust möglichst schnell neue Blätter zu bilden, von entscheidender Bedeutung, damit die notwendige Photosynthese wieder in Gang kommt.

Gestaltung durch Drahten

Es gibt nicht wenige Leute, die einen Bonsai erst dann als echt ansehen, wenn er an Zweigen, Ästen und Stamm mit möglichst viel Draht umwickelt ist. Man wende das Drahten aber nur an, wenn Schnittmaßnahmen zur Gestaltung (Richtungsänderung) nicht ausreichen. Weil gedrahtete Äste, Zweige und Stämme sich in alle Richtungen biegen lassen, kommt es zu willkürlichen und skurrilen Baumformen, die nichts mehr mit natürlichen Baumformen gemein haben. Es gibt genügend Beispiele, auch im Bonsaifachhandel. Man sollte durch Drahten lediglich die Gestalt noch weiter verbessern bzw. Fehler in der Aststruktur korrigieren.

Der entsprechende Trieb wird mit Draht umwickelt, in die gewünschte Form gebogen und dadurch gezwungen, in der vorgegebenen Richtung weiterzuwachsen. Die Triebe sollen leicht verholzt sein, müssen sich aber noch biegen lassen. Krautige Triebe dürfen nicht gedrahtet werden. Nach einer gewissen Zeit ist die neue Linienführung fixiert, und der Draht kann wieder entfernt werden. Er bleibt also nur so lange an der Pflanze wie unbedingt erforderlich.

Wächst der Draht ein, ist er nur schwer wieder zu entfernen und hinterläßt über sehr lange Zeit deutliche Spuren, die nur schwer verwachsen. Bleibende Schäden sind nicht ausgeschlossen. Zumindest wird die Schönheit und der Wert des Bonsai gemindert. Wie lange der Draht im einzelnen an der Pflanze verbleiben kann, ist den Kulturhinweisen zu entnehmen.

Ist eine gewünschte Richtungsänderung nach dem Entdrahten noch nicht zufriedenstellend erreicht, so ist erneut ein Draht anzulegen. Eine durchgeführte Korrektur ist nicht mehr rückgängig zu machen.

Technik

Als Draht verwendet man biegsamen Kupfer- oder eloxierten Aluminiumdraht. Er wird vom Fachhandel in unterschiedlichen Stärken angeboten. Keinesfalls darf Eisendraht verwendet werden. Er ist zwar verhältnismäßig billig, rostet aber und hinterläßt deutliche Spuren auf der Rinde. Die Stärke des zu verwendenden Drahtes wird

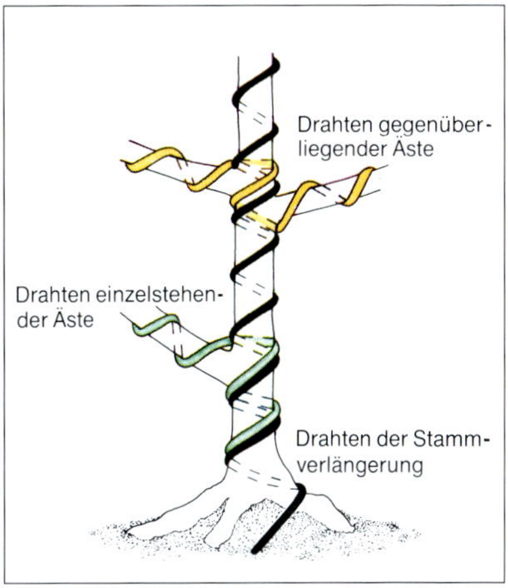

Drahten der Stammverlängerung, eines Seitenastes und gegenüberliegender Äste.

vom Durchmesser des Stammes oder Astes bestimmt. Als Faustregel gilt: Die Stärke des Drahtes sollte einem Drittel des Ast- bzw. Stammdurchmessers entsprechen. Reicht die Stärke des einzelnen Drahtes nicht aus, können auch zwei Drähte nebeneinander verwendet werden. Empfindliche Rinden schützt man, indem man den Draht zuvor mit Papierstreifen, am besten mit Kreppapier umwickelt. Der Draht muß um ein Drittel länger sein, als der Trieb lang ist, da durch die Windungen mehr Draht benötigt wird.

Begonnen wird mit der Drahtung des stärksten Triebes, in der Regel des Stammes. Der Draht wird in der gewünschten Länge zurechtgeschnitten, das eine Ende wird auf der Rückseite des Stammes in die Erde bis zum Schalenboden geschoben. Mit der einen Hand hält man das untere Ende

des Drahtes fest und preßt es an den Stamm, mit der anderen Hand faßt man das andere Ende und dreht den Draht in gleichmäßigen Windungen spiralförmig um den Stamm. Die einzelnen Windungen sollen einen Winkel von 45° bilden. Der Draht soll der Rinde eng anliegen, darf sie aber nicht verletzen oder eindrücken. Genauso wenig soll sich zwischen Draht und Rinde ein Zwischenraum befinden. Wird doppelt gedrahtet, werden die Drähte getrennt aufgewickelt, aber so, daß sie dicht beieinander liegen. Die Drahtenden werden zum Schluß umgebogen, um einer Verletzungsgefahr vorzubeugen. Beim Drahten ist auf Knospen und Blätter zu achten, damit diese nicht beschädigt werden oder unter dem Draht liegen.

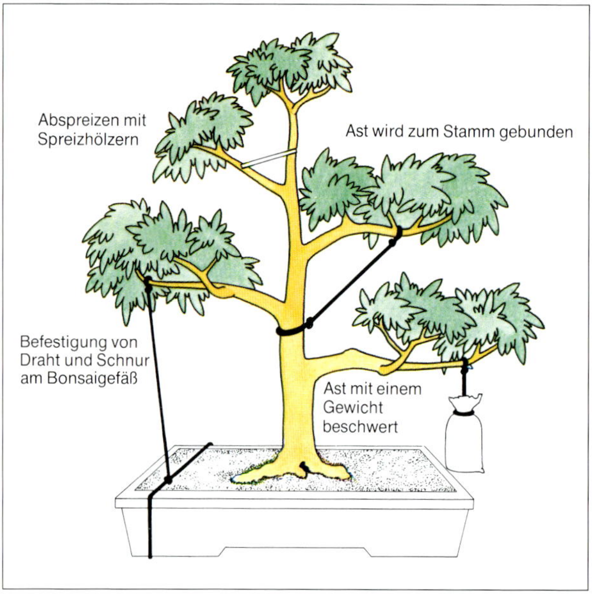

Die Abbildung zeigt am Beispiel von Ficus subulata die Gestaltung einer frei aufrechten Form mit Hilfe von Drähten.

Neben dem Drahten gibt es auch andere Gestaltungstechniken.

Bei den Ästen wird ebenso, wie oben beschrieben, verfahren. Um Halt zu bekommen, wird der Draht mit vier bis fünf Windungen am Stamm befestigt. Bei Zweigen, die eng beieinanderstehen bzw. gegenüber, verwendet man nur einen Draht. Er wird an einer Astgabel gesichert, hinten um den Stamm herumgeführt und um den anderen Ast gewickelt. Das Entfernen des Drahtes hat unter größter Vorsicht zu geschehen. Man wickelt ihn vorsichtig von den äußeren Enden ab. Der Draht, der zuletzt angebracht wurde, wird als erstes entfernt.

In der Bonsai-Literatur wird immer wieder davon abgeraten, einen Bonsai zu gleicher Zeit zu drahten und umzutopfen. Andere Erfahrungen bestätigen dies nicht, zumal es aus arbeitstechnischen Gründen sinnvoll ist, Gestaltungsmaßnahmen gleichzeitig mit Ein- bzw. Umtopfarbeiten durchzuführen.

Um starke Äste in Form zu bringen sind auch Drahtspanner geeignet (Besitzer: Mr. Su aus Taipei in Taiwan).

Weitere Gestaltungstechniken

Eine weitere Technik, Bonsai zu formen, ist die Verwendung von Gewichten und Spannschnüren. Ein Draht oder eine Schnur wird an dem zu gestaltenden Ast befestigt und gespannt im oder am Gefäß befestigt. Oder man hängt an die Schnur- bzw. Drahtenden Gewichte, die ausreichen, die gewünschte veränderte Linienführung herbeizuführen. Wichtig ist, daß die Stelle, wo der Draht am Ast befestigt wird, mit Schaumgummi oder ähnlichem gepolstert ist, um Verletzungen der Rinde zu vermeiden.

Ein Befestigen der Schnüre an der Bonsaischale ist oft schwierig. Man kann sich helfen, indem man etwas stärkere Drähte durch die Abzugslöcher der Schale führt und dort befestigt. An den aus der Erde herausschauenden Drahtenden werden die Schnüre befestigt.

Pflege der Zimmerbonsai

Standort in der Wohnung

Das Wachstum der Pflanzen ist ein umfassender und komplizierter Vorgang. Zum Wachstum benötigt die Pflanze Licht, Luft, Wasser, Wärme und Nährstoffe. Wenn wir uns mit dem Standort der Pflanzen in unserer Wohnung befassen, geht es insbesondere um die Licht- und Temperaturverhältnisse.

Licht

Der Wachstumsprozeß benötigt Energie, die bei grünen Pflanzen durch die Photosynthese gewonnen wird. Dabei baut die Pflanze aus dem Kohlendioxid der Luft und dem Wasser des Bodens energiereiche Verbindungen auf. Die Photosynthese findet nur bei Licht und nur in den grünen Teilen der Pflanze statt. Mit Hilfe der gewonnenen Energie können wiederum energieverbrauchende Vorgänge in der Pflanze ablaufen und jene Baustoffe gebildet werden, die schließlich für die Größenzunahme der Pflanze notwendig sind. Beim Verbrauch der Energie werden aus den energiereichen Verbindungen schließlich wieder Kohlensäure und Wasser. Die Pflanze entnimmt den dazu notwendigen Sauerstoff aus der Luft und gibt im Gegenzug die Kohlensäure gasförmig wieder ab, d. h. die Pflanze atmet.

Je mehr Licht der Pflanze zur Verfügung steht, um so größer ist die photosynthetische Leistung. Bei einem bestimmten Punkt hat die Erhöhung der Lichtintensität keine Wirkung mehr auf eine Steigerung der Photosynthese. Dieser Grenzpunkt ist von Pflanzenart zu Pflanzenart verschieden, genauso wie jener Wert der Lichtintensität, bei dem eine Pflanze mit der Photosynthese beginnt.

Temperatur

Die Pflanzen können nur innerhalb bestimmter Temperaturgrenzen Photosynthese betreiben und damit wachsen. Diese Temperaturgrenzen liegen bei den einzelnen Pflanzenarten verschieden hoch. Bei uns beheimatete Pflanzen (gemäßigte Gebiete) zeigen noch bei Temperaturen unter dem Gefrierpunkt eine schwache Photosynthese. Pflanzen aus subtropischen und tropischen Gebieten stellen sie oft schon bei Temperaturen unter 15 °C ein.

Schlußfolgerungen

Die Pflanze verbraucht bei der Atmung Energie, die durch die Photosynthese gewonnen wird. Deshalb muß für ein optimales Wachstum der Energiegewinn durch die Photosynthese und der Energieverbrauch durch

Bonsais für das Zimmer benötigen zum gutem Gedeihen einen hellen Standort, am besten direkt am Fenster. In der Mitte: Ficus palmeri.

die Atmung in einem günstigen Verhältnis zueinander stehen. Halten sich Aufbau und Abbau energiereicher Stoffe die Waage, findet keine Größenzunahme der Pflanze statt. Überwiegt der Abbau, z. B. bei schlechten Lichtverhältnissen, muß die Pflanze, um zu überleben, auf Reservestoffe zurückgreifen. Hält dieser Zustand über einen längeren Zeitraum an, verliert die Pflanze zunächst einzelne Blätter, Äste sterben ab, bis die ganze Pflanze eingeht. Dies geht um so schneller, je höher die Temperatur ist, denn mit steigender Temperatur steigt die Atmung und damit der Abbau an organischer Substanz. Steht also viel Licht zur Verfügung, so ist auch eine hohe Temperatur für das Wachstum günstig. Bei niedrigen Lichtintensitäten muß demnach die Temperatur gesenkt werden. Die Temperatur kann aber nicht beliebig gesenkt werden, da die einzelnen Pflanzenarten ein bestimmtes Temperaturbedürfnis haben, das nicht unterschritten werden darf.

Eine einfache Möglichkeit, die Luftfeuchtigkeit in unmittelbarer Nähe der Pflanzen zu erhöhen ist, die Bonsais auf mit feinem Blähton gefüllte Tabletts zu stellen, die man feucht hält.

Gerade von tropischen Pflanzenarten ist uns eine Erscheinung bekannt, die wir als Erkältung bezeichnen. Setzt man solche wärmeliebenden Pflanzenarten Temperaturen unter 14 °C aus, so sterben sie ab.

Welche Licht- und Temperaturbedürfnisse die einzelnen Pflanzenarten für ein optimales Wachstum benötigen, ist nicht immer zu beantworten. Hinweise kann uns der heimatliche Standort der Pflanze geben. Die Kunst des Zimmerbonsai-Liebhabers besteht also darin, durch Imitation des Heimatklimas einen günstigen Standort in der Wohnung zu schaffen. Je näher wir den heimatlichen Standortverhältnissen kommen, um so besser wird das Wachstum der Pflanze sein.

Grundsätzlich kann der überwiegende Teil der Pflanzenarten, die aufgrund der Temperaturverhältnisse als

Zimmerbonsai geeignet sind, nicht über einen längeren Zeitraum (mehrere Monate) in einiger Entfernung vom Fenster bei schlechten Lichtverhältnissen stehen. Ein oder zwei Wochen im Zimmer auf einem Tisch vertragen die meisten Zimmerbonsai ohne Schaden. Dies gilt übrigens für alle Zimmerpflanzen. Es gibt nur sehr wenige Pflanzenarten, die für einen ständigen Standplatz im Zimmer geeignet sind. Als ständige Standorte geeignet sind Ost-, West-, Süd- aber auch Nordfenster. Nicht geeignet sind Fenster, die durch hohe Bauten oder Bäume beschattet sind. Es wird immer wieder behauptet, man dürfe den Standort einer Pflanze nicht verändern, ja die Pflanze nicht einmal um die eigene Achse drehen, da sie sonst absterbe. Dies entspricht nicht langjährigen Erfahrungen mit einem ständigen Standortwechsel. Durch künstliche Beleuchtung ist es möglich, Bonsai ganzjährig an ungünstigen Standplätzen im Zimmer zu halten. Nicht jede künstliche Lichtquelle ist aber auch für das Pflanzenwachstum geeignet.

Wie schon beschrieben, kann die Temperatur um so höher sein, je höher die Lichtintensität ist. Das heißt aber auch, daß im Dunkeln die Temperatur niedriger sein sollte. Eine Temperaturabsenkung in der Nacht ist als eine Anpassung an die Verhältnisse des Heimatstandortes anzusehen. Denn in den meisten Gebieten der Erde ist es in der Nacht kühler als am Tage.

Bei einigen Pflanzenarten kann es in zentralbeheizten Räumen bei trockener Luft Schwierigkeiten geben. Die relative Luftfeuchtigkeit sollte 30% nicht unterschreiten. Durch Anbringen von Verdunstern an den Heizkörpern oder Aufstellen von elektrischen Verdunstern im Zimmer läßt sich die Luftfeuchtigkeit erhöhen.

Zimmerbonsais, die im Sommer im Freien zu halten sind

Für einen großen Teil der Zimmerbonsais dient im Sommer eine Unterbringung und Pflege im Freien – im Garten, auf dem Balkon oder der Terrasse – einer gesunden Entwicklung. Viele dieser Pflanzenarten reagieren auf die große Lichtmenge, die ihnen im Freien zur Verfügung steht, mit besonders gutem Wachstum. Auch sind sie in bezug auf Krankheiten weniger anfällig.

Die überwiegende Zahl der Pflanzenarten reagiert auf eine Sommerfrische positiv. Erfolg wird man mit allen Arten haben, die aus subtropischen Gebieten stammen und keine allzu großen Temperaturansprüche stellen, so wie Kamelien, Myrten oder der Erdbeerbaum. Aber auch einige Pflanzenarten aus tropischen Gebieten wie etwa *Ficus benjamina* sind im Sommer für einen Standort im Freien dankbar (bei den Kulturhinweisen werden entsprechende Hinweise gegeben).

Die Pflanzen können ins Freie gebracht werden, wenn die Nachttemperaturen keine kritische Grenze mehr erreichen, was in der Regel Ende Mai (nach den Eisheiligen) der Fall ist. Es muß eine allmähliche Umgewöhnung von der geringen Beleuchtungsstärke im Zimmer an das um ein Mehrfaches hellere Tageslicht erfolgen, da es sonst selbst bei sonnenhungrigen Pflanzenarten zu Verbrennungen kommt.

Ein Garten als Standort erweist sich in der Regel als günstiger als ein Balkon, da hier ein günstigeres Mikroklima herrscht als auf einem Balkon im 12. Stock. Für Pflanzenarten, die eher schattig stehen wollen, bieten sich Plätze unter Bäumen oder an der Nordseite des Hauses an. Wichtig ist vor allem, daß die Pflanzen vor praller Mittagssonne geschützt stehen.

Ab Ende August werden die Pflanzen wieder ins Haus gebracht. Der Temperaturübergang vom Freien in die Wohnung sollte möglichst gleichmäßig verlaufen, da sich eine verzögerte Akklimatisierung immer nachteilig auswirkt.

Ein- und Umpflanzen

Für den Besitzer selbst gezogener Pflanzen kommt einmal der Tag, an dem das erste Mal in ein Bonsaigefäß gepflanzt werden muß. Andererseits ist man ungeduldig und möchte den Sämling bzw. bewurzelten Steckling möglichst früh in ein schönes Gefäß pflanzen. Aus langjähriger Erfahrung ist aber dringend zu empfehlen, mit dem Einpflanzen in ein Bonsaigefäß so lange wie möglich zu warten. Das Wachstum geht in der Schale aufgrund des geringen Erdvorrats rapide zurück. Mit Wachstum ist vor allem das Dickenwachstum der Stämme und Äste gemeint, worauf der Bonsaifreund besonderen Wert legt.

In den Kulturhinweisen sind bei den einzelnen Pflanzenarten Erfahrungswerte angegeben, nach welcher Zeit ein Einpflanzen in ein Bonsaigefäß empfohlen werden kann. Diese Empfehlungen können aber nur Anhaltspunkte sein, da es auch auf die Pflege und die Wachstumsverhältnisse beim einzelnen ankommt.

Zeitpunkt

Der überwiegende Teil der Pflanzenarten, die wir als Zimmerbonsai gestalten, kann das ganze Jahr über ein- bzw. umgepflanzt werden. Die günstigste Zeit ist allerdings der Beginn der Hauptwachstumszeit in den Frühjahrsmonaten. Während der Blütezeit eines Bonsai sollte nicht ein- oder umgepflanzt werden.

Substrate, Behandlung, Verwendung

Pflanzen benötigen zum Leben u. a. Wasser und Nährstoffe, die durch die Wurzeln aufgenommen werden. Die Erde als Lebensraum der Wurzeln muß aber für das Leben der Wurzel selbst geeignet sein. Die Erde muß beste physikalische Eigenschaften besitzen, ein hohes Porenvolumen aufweisen und selbst bei Wassersättigung einen noch ausreichenden Luftaustausch gewährleisten. Sie muß verschlämmungsfest und mikrobiell schwer abbaubar sein. Die Erde muß eine dem

Bei den Fuchsia-Hybriden eignen sich insbesondere kleinwüchsige und kleinblättrige Sorten zur Bonsaigestaltung. ▷

Charakter der Erde und der Eigenart der Pflanze angepaßte Bodenreaktion aufweisen. Nährstoffe müssen gespeichert werden können, dabei für die Pflanze aber verfügbar bleiben.

Mischt man Lehm, Torf und Sand im richtigen Verhältnis, erhält man ein Substrat, das den Ansprüchen an eine gute Bonsaierde gerecht wird. An Stelle von Sand können auch andere lockernde, natürliche Materialien wie Bimskies, feiner Blähton, Blähschiefer oder Lavalit verwendet werden.

Für Zimmerbonsai geeignet sind folgende Erdmischungen:

Mischung I
4 Teile Lehm + 4 Teile Torf + 2 Teile Sand oder Blähton in der Körnung 2–4 mm

Mischung II
3 Teile Lehm + 5 Teile Torf + 2 Teile Sand oder Blähton in der Körnung 2–4 mm

Die Erdmischungen müssen sterilisiert werden, damit sie frei von Krankheitskeimen, Unkrautsamen und Schädlingen sind. Dazu erhitzt man die Erde in einem Einkochtopf auf 100 °C. Diese Temperatur muß 15 Minuten lang gehalten werden. Nachdem die Erde abgetrocknet ist, wird sie mit entsprechenden Sieben durchgesiebt, um grobe (über 8 mm große) und feine (unter 1 mm große) Teile auszuscheiden. Nach dem Dämpfen darf der Erde Dünger beigemischt und die Bodenreaktion auf den richtigen pH-Wert eingestellt werden.

Als Grunddünger verwendet man rein organische oder organisch-mineralische Dünger. Rein mineralische Dünger sollten nicht verwendet werden (z. B. Blaukorn). Sie wirken zwar schnell, sind aber auch schnell aufgebraucht. Je Liter Erde mischt man 2 bis 3 g bei.

Um die Erde auf einen günstigen pH-Wert einzustellen, muß zunächst der pH-Wert der sterilisierten Erde ermittelt werden. Dazu verwendet man sogenannte pH-Teststäbchen. Solche Teststäbchen werden im Gartenbedarfshandel angeboten. Man schwemmt etwas Erde in einem Gefäß mit destilliertem Wasser im Verhältnis 1 : 2 auf. Dann hält man ein Teststäbchen in die Flüssigkeit und kann nach kurzer Zeit anhand der Verfärbung des Teststäbchens, das man mit der mitgelieferten Farbskala vergleicht, feststellen, welchen pH-Wert die Erde hat. Ist der pH-Wert der Erde zu niedrig, muß er durch Aufkalken mit Kohlensaurem Kalk erhöht werden. Um den pH-Wert um ½ bis ¾ Stufe zu erhöhen, benötigt man je Liter Erde 1 g Kohlensauren Kalk (Faustzahl). Der Kalk wird mit dem Dünger der Erde beigemischt.

An Stelle dieser selbsthergestellten Mischungen kann auch Einheitserde oder Fruhstorfer Erde in der Formulierung P, der man 20% Bimskies oder Blähton in der Körnung 2–4 mm zumischt, verwendet werden. Diese seit Jahren mit Erfolg verwendeten Industriesubstrate gibt es jetzt standardisiert als Fruhstorfer-Bonsaierde im Handel.

Auswahl der Bonsaischalen

Frei übersetzt bedeutet Bonsai »Baum im Topf« bzw. »Pflanze im Topf«. Ein

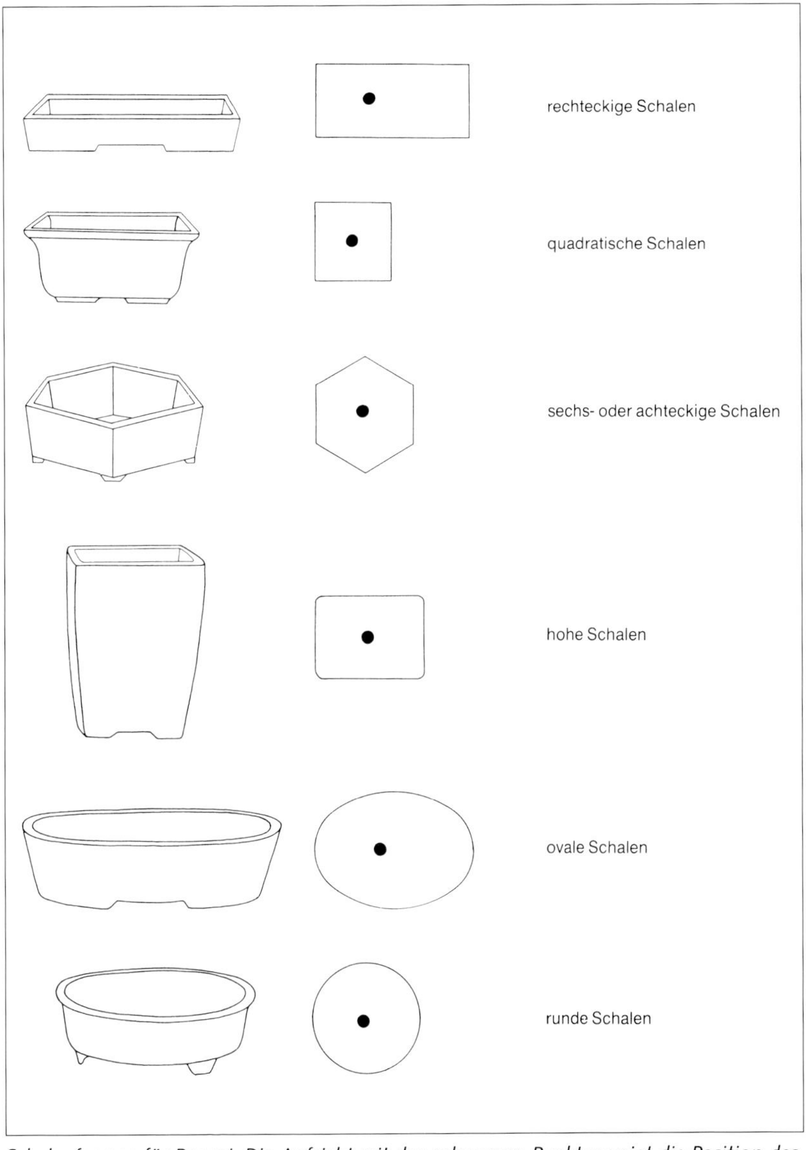

Schalenformen für Bonsai. Die Aufsicht mit den schwarzen Punkten zeigt die Position des Bonsai in der jeweiligen Schale an.

Bonsai ist aber keine Topfpflanze im üblichen Sinn, wonach der Topf nur als zweckmäßiges Gefäß dient. Bei Bonsai ist das Gefäß vielmehr wesentlicher Teil des Ganzen. Form und Farbe des Gefäßes sollen den Bonsai im Ausdruck steigern. Bei einem guten Bonsai harmonieren Pflanze, Wurzelansatz, Stamm, Äste und Blätter mit der Bonsaischale.

Es ist bei der Vielzahl von Pflanzenarten, Gestaltungsformen und Bonsaischalen unmöglich, detaillierte Hinweise für alle denkbaren Kombinationen zu geben. Es werden deshalb nachfolgend nur allgemeine Gesichtspunkte beschrieben, die bei der Auswahl der Schalen helfen sollen. So wie die Schale ein wesentlicher Bestandteil des Bonsai ist, darf sie weder durch Farbe noch durch Form in Konkurrenz zur Pflanze treten.

Aufrecht wachsende Bäume werden in flache ovale oder rechteckige Schalen gepflanzt. Bonsais mit dichter, schwer wirkender Krone in massive, ähnlich schwer wirkende Schalen. Je dicker der Stamm, desto tiefer kann die Schale sein. Kaskadenformen wirken am besten in tiefen runden oder quadratischen Schalen. Die Seitenwände einer Bonsaischale können gerade, schräg, gewölbt oder geschwungen sein. Die geraden Linien passen zu den strengen Bonsaiformen (z. B. Chokkan), während die runden Umrißlinien mit den weichen und gebogenen Baumformen harmonieren.

Die Höhe der Schale sollte allgemein (Ausnahme sind die Kaskadenformen) der Dicke des Stammes entsprechen.

Bei einem Einzelbonsai soll die Länge der Schale ungefähr zwei Drittel der Höhe des Bonsai ausmachen. Bei Gruppenpflanzungen sind es zwei Drittel der Höhe des größten Baumes. Ist ein Baum breiter als hoch, sollte die Schale um ein Drittel kürzer als die größte Breite der Pflanze sein.

Die Farbe der Schale darf nicht in Konkurrenz zur Pflanze treten. Pflanzen mit dunkler Blattfarbe wirken am besten in dunkelfarbigen Schalen. Bonsais mit hellem Laub stehen besser in hellen Schalen.

Bei der Auswahl der Schale sollte man sich keinesfalls von der Größe des Wurzelballens der Pflanzen leiten lassen. Das Reduzieren des Ballens macht oft Schwierigkeiten, deshalb muß bei großen Ballen schrittweise vorgegangen werden.

Der überwiegende Teil der Bonsaischalen, die im Fachhandel angeboten werden, stammt aus Japan und China. In der Zwischenzeit gibt es auch in der Bundesrepublik Deutschland hergestellte Bonsaischalen auf dem Markt, die den traditionellen japanischen und chinesischen Schalen entsprechen (siehe Bezugsquellennachweis).

Vorgang des Ein- und Umpflanzens

Am Anfang steht die Auswahl der passenden Schale. Bei Verwendung alter Schalen sind diese gründlich zu reinigen, damit keine Krankheitserreger und Schädlinge übertragen werden. Die neue Bonsaischale sollte im Durchmesser etwa um 2 bis 3 cm größer sein als die bisherige Schale. Ältere fertige, sogenannte ausgereifte

Bei dieser Eugenie (Kirschmyrte) ist aufgrund des starken Wurzelwachstums das Umpflanzen überfällig.

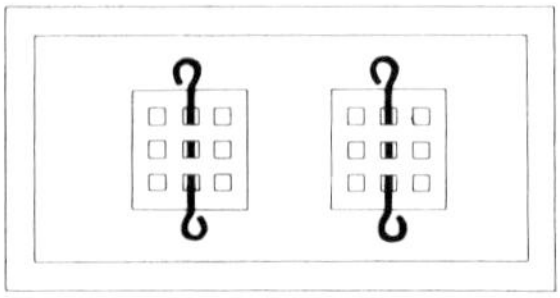

Die Abzugsöffnungen im Gefäß werden mit Plastiknetzen oder -gittern abgedeckt, damit die Erde nicht hinausrieselt.
Die Gitter werden mit Drahtklammern befestigt

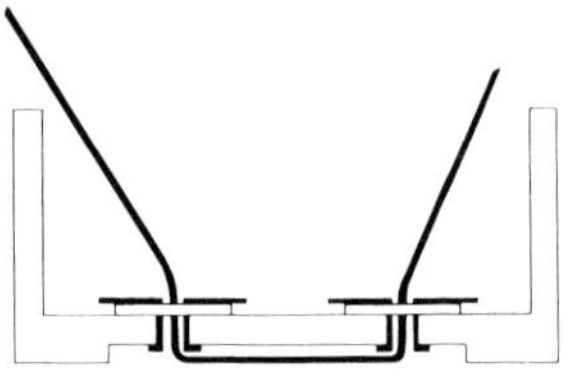

Durch die Abzugsöffnungen und die mit Klammern befestigten Plastikgitter zieht man einen Draht zur Fixierung der Pflanze

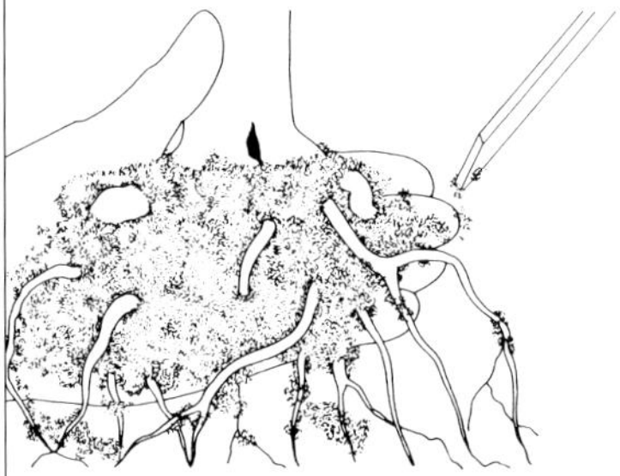

Mit einem Holzstäbchen wird die alte Erde aus dem Wurzelballen herausgelöst

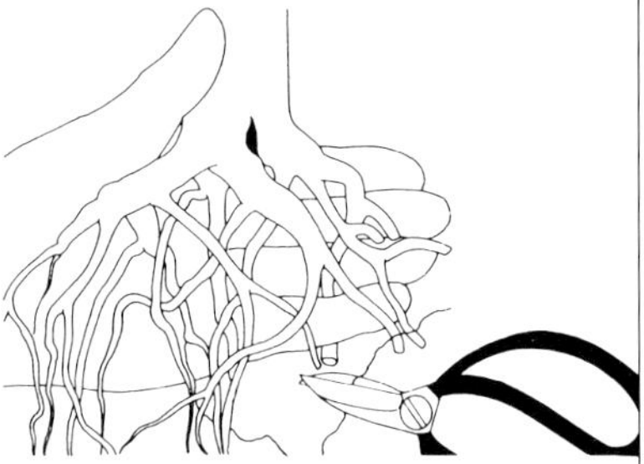

Die Wurzeln werden um $\frac{1}{3}$ zurückgeschnitten

Zunächst wird etwas Erde auf den Schalenboden gestreut

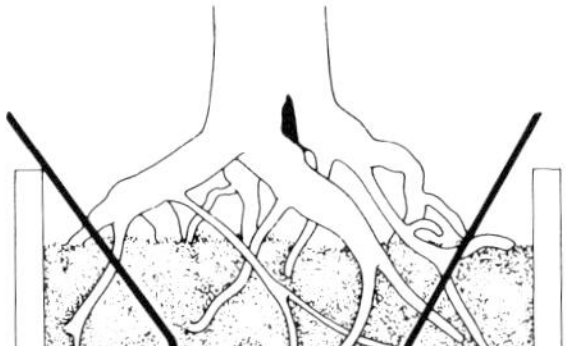

Der Wurzelansatz sollte etwas oberhalb des Schalenrandes liegen, um ihn zur Geltung zu bringen, da er ein wichtiger Bestandteil der Gesamtgestalt eines Bonsai ist

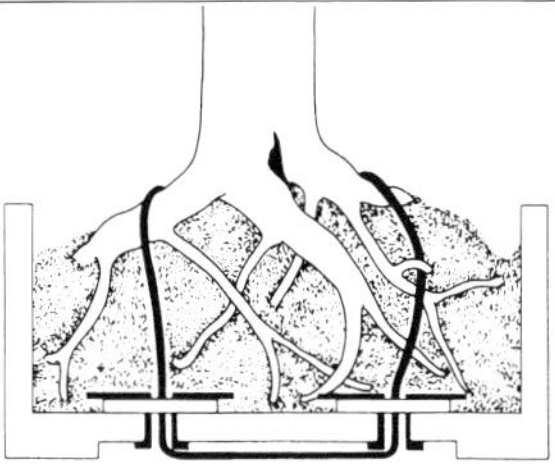

Die Pflanze wird in der entsprechenden Position im Gefäß plaziert, die Wurzeln verteilt, und wenn nötig mit einem Draht befestigt. Anschließend wird Erde bis zum Schalenrand aufgefüllt

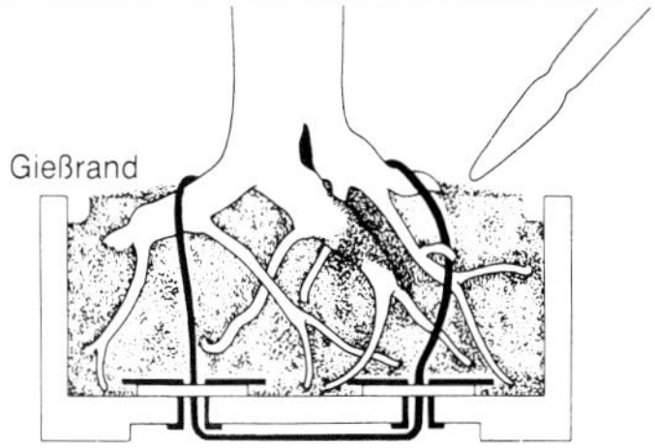

Durch vorsichtiges Stochern mit einem Holzstäbchen werden Hohlräume zwischen den Wurzeln aufgefüllt

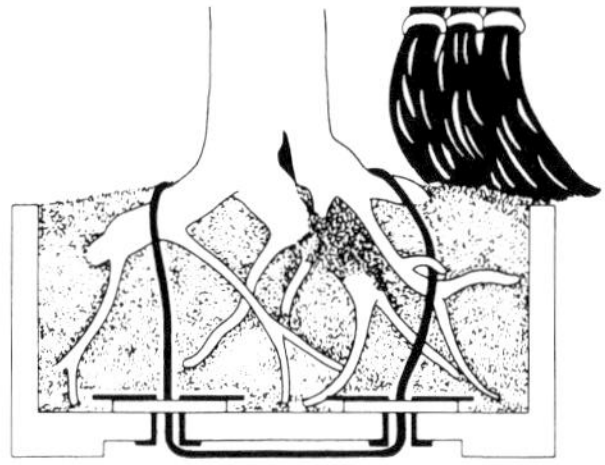

Zum Schluß wird die Erdoberfläche mit einem Pinsel glattgestrichen

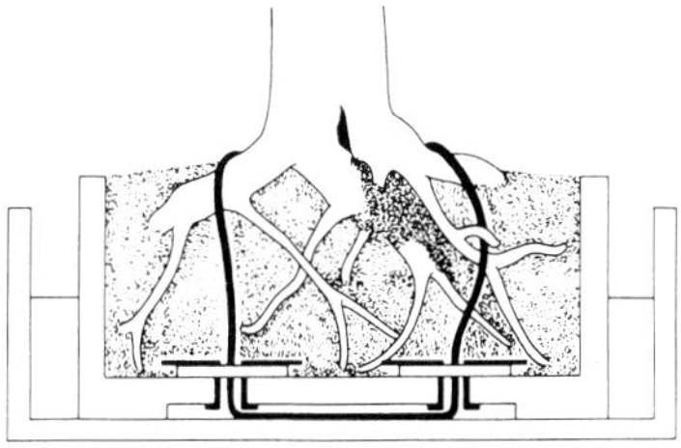

Der verpflanzte Bonsai muß nun gut bewässert werden. Um ein Abschwemmen der Erde zu vermeiden, stellt man das Bonsai in ein bis zur halben Schalenhöhe gefülltes Gefäß mit Wasser

Arbeitsgänge beim Ein- und Umpflanzen. Die einzelnen Arbeitsgänge sollten gut vorbereitet sein, damit man zügig vorgehen kann.

Bonsai – dies gilt auch für den überwiegenden Teil der Miniaturbonsai – können auch wieder in die alte Schale zurück gepflanzt werden. Denn der beim Umpflanzen vorgenommene Wurzelschnitt verschafft den Wurzeln neuen Raum und die neue Erde die notwendigen Nährstoffe.

Die Wasserabzugslöcher im Schalenboden werden mit Plastiknetzen abgedeckt, um ein Durchrieseln der Erde zu vermeiden. Bei größeren Bonsai oder Pflanzen mit schwach entwikkeltem Wurzelwerk ist es nötig, die Pflanze in der Schale zu befestigen. Hierzu wird ein Draht durch die Abzugslöcher im Boden geschoben, an dem die Pflanze im Bereich des Wurzelansatzes befestigt wird. Dies muß mit größter Vorsicht geschehen, damit Wurzeln und Stamm nicht verletzt werden. Ist die Pflanze an den Wurzeln beschnitten (siehe weiter unten) und das Bonsaigefäß vorbereitet, kann umgepflanzt werden. Zunächst wird etwas Erde auf den Schalenboden gestreut. Die Pflanze hält man in der ausgewählten Position (siehe Seite 63 und 64) so in das Gefäß, daß der Wurzelansatz etwas über der Höhe des Schalenrandes liegt. Die erhöhte Position wird gewählt, um den Wurzelansatz zur Geltung zu bringen, der ein wichtiger Bestandteil der Gesamtgestalt eines Bonsai ist.

Nun wird das Gefäß mit Erde aufgefüllt. Wenn nötig wird die Pflanze in der Schale befestigt. Bei einem reichverzweigten Wurzelsystem kann es Schwierigkeiten geben, an alle Wurzelteile Erde zu bringen.

Durch vorsichtiges Stochern mit einem Holzstäbchen und leichtes Klopfen gegen den Schalenrand werden Hohlräume zwischen den Wurzeln aufgefüllt. Zur Auffüllung bis zum Schalenrand sollte man etwas feinere Erde verwenden. Um das spätere Gießen zu erleichtern, drückt man die Erde am Schalenrand mit dem Daumen so an, daß etwa ein 0,5 cm hoher Gießrand verbleibt. Da die Erdoberfläche an die Weite der Landschaft erinnern soll, darf der Gießrand keinesfalls tiefer sein, weil sonst der Übergang von der Erdoberfläche zum Schalenrand zu abrupt wäre. Sollten Wurzeln über der Erdoberfläche hochragen, werden sie mit Drahtklammern befestigt. Die Erdoberfläche wird mit einem Pinsel glattgestrichen.

Die Schale muß nun gut bewässert werden. Um ein Abschwemmen der Erde zu vermeiden, stellt man die bepflanzte Schale in ein mit Wasser (bis zur halben Schalenhöhe) gefülltes Gefäß. Die Erde kann sich so von unten mit Wasser vollsaugen.

Die einzelnen Arbeitsgänge sollten gut vorbereitet sein und schnell durchgeführt werden. Dies gilt insbesondere für das Herausnehmen der Pflanzen, das Beschneiden der Wurzeln und das Einpflanzen. Schon oft sind Pflanzen nur deshalb nicht angewachsen, weil sie zu lange nach dem Herausnehmen und dem Wurzelschnitt herumgelegen haben, Wurzeln eingetrocknet und abgestorben sind. Nach dem Umpflanzen muß der Bonsai an einem hellen, vor direkter Sonne geschützten, zugfreien Ort aufgestellt werden. Ist ein starker Wurzelschnitt erfolgt und überwiegen die oberirdischen Organe im Vergleich zu den Wurzeln, muß für zusätzlichen Verdunstungsschutz gesorgt werden. Dazu stülpt man einen mit Folie bespannten Kasten, den man auch zur Vermehrung verwenden kann, über den Bonsai. Hat der Bonsai neue Wurzeln ausgebildet, kann der Folienkasten entfernt werden.

Wurzelschnitt

Die Wurzeln haben die Aufgabe, Wasser und Nährstoffe aus dem Boden aufzunehmen und die Pflanze im Boden zu verankern. Zwischen Wurzelwerk und den oberirdischen Organen (Stamm, Zweige, Blätter) muß ein ausgeglichenes Verhältnis bestehen, wenn alle Organe ihre Aufgabe erfüllen sollen. Durch einen starken Rückschnitt der Wurzel kann die Versorgung der oberirdischen Pflanzenteile stark beeinträchtigt werden. Oft stellt man bei Bonsai fest, daß die Erde in der Bonsaischale reich durchwurzelt ist. Nach der Entwirrung des Wurzelballens erkennt man aber, daß das Wurzelwerk nur aus einer Hauptwurzel besteht, die sich an der Schalenwand entlang geringelt hat. Schneidet man diese Wurzel stark zurück, und werden nicht gleichzeitig verdunstungsfördernde Organe (insbesondere Blätter) entfernt und damit Wasseraufnahme und Wasserabgabe ins Gleichgewicht gebracht, so ist ein Anwachsen und damit das Überleben des Bonsai stark gefährdet. Relativ gefahrlos ist ein Beschneiden der Wurzel, wenn der Bonsai schon als Jungpflanze öfter verpflanzt und die Wurzeln beschnitten wurden. Dadurch hat sich ein reichverzweigtes, nicht nur auf wenige Hauptwurzeln beschränktes Wurzelwerk entwickelt.

Die Pflanze wird unter Schonung des Wurzelballens aus dem Blumentopf oder der Bonsaischale genommen. Ist der Ballen stark verfilzt, werden mit Hilfe eines Holzstäbchens die Erde herausgelöst und die Wurzeln freigelegt. Alte und abgestorbene Wurzeln werden entfernt. Die übrigen Wurzeln werden etwa um ein Drittel eingekürzt. Bei stärkeren Wurzeln ist darauf zu achten, daß die Schnittstellen nach unten zeigen.

Plazierung in der Schale

Neben der Schale selbst spielt bei der Gestaltung die Position der Pflanze in der Schale eine wesentliche Rolle. Das Gesamtbild soll an einen natürlich wachsenden Baum in seiner arttypischen Umgebung erinnern. Es sollte eine Stelle ausgesucht werden, wo die Pflanze am besten zur Geltung kommt. Auch hier geben die japanischen Bonsaimeister Ratschläge. So sollte man in runden und quadratischen eine mittlere Position, bei ovalen und rechteckigen Schalen eine seitliche Position wählen (siehe Abbildung S. 63).

Warum und wie oft umpflanzen

Wenn die folgenden Bedingungen gegeben sind, ist ein Umtopfen notwendig:

1. Das Verhältnis von Pflanze und Schale stimmt nicht mehr.

Wenn die Pflanze gegenüber dem Bonsaigefäß unproportional groß geworden ist, ist es aus gestalterischen Gründen notwendig, umzupflanzen. Dies wird gerade bei jungen Pflanzen der Fall sein, die ihre endgültige Form noch nicht erreicht haben.

2. Die Erde ist ausgelaugt.

Dies ist der Fall, wenn die Wurzeln den vorhandenen Raum völlig durchdrungen haben. Somit sind kaum noch Nährstoffe vorhanden und können auch nicht mehr gespeichert werden. Vor allem Pflanzen mit starker Wuchsleistung sind davon betroffen. Je intensiver die Pflanze geschnitten werden muß, desto stärker muß die Wuchsleistung auch der Wurzeln sein. Jedem Triebwachstum geht Wurzelwachstum voraus, denn die sich neubildenden Organe müssen mit Wasser und Nährstoffen versorgt werden.

3. Versalzung der Erde.
Durch Versalzung der Erde kann es zu Wachstumsstörungen kommen; im Extremfall stirbt die Pflanze ab. Eine Versalzung der Bonsaierde in der Schale wird durch Gießwasser und Dünger verursacht. Sie ist nur zu erwarten, wenn Dünger verwendet werden, deren Nährstoffe an salzbildende Trägerstoffe (Natrium, Sulfate, Chloride) gebunden sind. Organische Dünger tragen nur wenig zur Bodenversalzung bei. Das gleiche gilt für die meisten handelsüblichen Flüssigdünger. Bei ihnen sind die Nährstoffe an andere Trägerstoffe gebunden.

Zu einer pflanzenschädlichen Versalzung der Bonsaierde kommt es insbesondere durch die Gießwässer. Gießwässer aus dem örtlichen Wassernetz enthalten je nach Ursprung und in verschiedenen Mengen Calcium-, Magnesium- und Schwefelsalze, ferner Nitrate und Chloride. In der freien Natur werden Salze, die sich im Boden befinden, durch die natürlichen Niederschläge ausgewaschen. In einer Schale oder in einem Topf verbleiben solche Salze dagegen in der Erde, lagern sich am Schalenrand oder bei porösem Material auch in den Wandungen ab. Sehr deutlich ist dies bei Tontöpfen und Tonschalen, die außen nicht glasiert sind, zu sehen. Aufgrund der Durchlässigkeit der Wände dringen im Laufe der Zeit Salze durch die Wände hindurch – zu erkennen an dem weißlich kristallinen Belag auf den Außenwänden. Solche Töpfe und Schalen müssen deshalb vor Wiederverwendung gründlich gesäubert werden.

Schäden an Pflanzen durch hohe Salzkonzentrationen in der Erde treten nicht abrupt auf, sondern allmählich. Zunächst durch eine Verlangsamung des Wachstums, schlaffes Herabhängen der Blätter (Wurzeln sterben ab, dadurch keine Wasseraufnahme möglich). Aufwärtsrollen der Blattränder. Weiter fortschreitend werden die Ränder der Blätter braun und sehen verbrannt aus.

4. Das Bodengefüge stimmt nicht mehr.
Im Laufe der Standzeit eines Bonsai in der Schale verändert sich je nach Ausgangserde mehr oder weniger schnell die Bodenstruktur. Dies hat zur Folge, daß bisherige Hohlräume durch feinste Erdteilchen ausgefüllt werden. In einer solchen Erde wird der Sauerstoff so langsam nachgeliefert, daß das Wurzelwachstum gehemmt und die Pflanze in ihrem Gedeihen beeinträchtigt ist.

Ein Bonsai muß durchschnittlich alle zwei bis fünf Jahre umgepflanzt werden. Allgemein gilt, daß junge Bonsai bis zu einem Alter von zehn bis fünfzehn Jahren jährlich umzupflanzen sind. Je älter der Bonsai und je näher er der endgültigen Größe und Form kommt, desto seltener muß umgepflanzt werden. Die Häufigkeit des Umpflanzens ist abhängig von der jeweiligen Pflanzenart, dem Zustand und der Endgröße der Pflanze, sofern nicht ein anderer der aufgeführten Gründe ein vorzeitiges Umpflanzen notwendig werden lassen. In den Kulturhinweisen sind Erfahrungswerte angegeben, in welchen Zeiträumen die einzelnen Pflanzenarten umgepflanzt werden sollten.

Gießen

Eine Pflanze besteht zu 75 bis 90% aus Wasser. Daraus ist ersichtlich, daß Wasser für die Pflanze unentbehrlich ist. Erst durch das Vorhandensein von Wasser, seine Bewegung in der Pflanze und durch die regulierende Verdunstung (Transpiration) werden die gesamten Lebensvorgänge ermöglicht.

Die Pflanze benötigt Wasser zur Aufnahme und zum Transport der Nährstoffe, zum Transport der Assimilate zu den Verbrauchspunkten, zur Erhaltung des Zelldruckes und für biochemische Reaktionen. In den einzelnen Organen der Pflanze muß je nach Pflanzenart und Pflanzengröße ein ständiges Gleichgewicht zwischen Wasserabgabe und Wasseraufnahme gehalten werden. Verschiebt sich diese Wasserbilanz einseitig, wird z. B. mehr Wasser verdunstet als aufgenommen, welkt die Pflanze und geht, falls dieser Zustand länger anhält, zugrunde. Das hängt nicht nur von der in der Erde vorhandenen Wassermenge ab, sondern wird auch von der Temperatur, Sonnenstrahlung, der Luftfeuchtigkeit im Raum, der Luftbewegung und der Anpassungsfähigkeit der Pflanze beeinflußt.

Wird zuviel gegossen, kommt es zu einer ungenügenden Durchlüftung der Erde und zum Absinken der Bodentemperatur als Folge der Verdunstungskälte. Auch dann leidet das Wachstum. Halten diese Mängel längere Zeit an, sterben Wurzeln ab und es kann zu schwerwiegenden Wachstumsstörungen kommen, die zum Absterben der gesamten Pflanze führen können.

Eine junge Pflanze mit wenig Blättern benötigt weniger Wasser als ein »fertiger« Bonsai mit vielen Blättern. Der Wasserbedarf ist auch abhängig vom Standort der Pflanze. Bei viel Licht und hoher Temperatur wird mehr Wasser benötigt als an einem schattigen kühlen Standort. Deshalb ist beim Gießen individuell vorzugehen, da jede Pflanze hinsichtlich des Wasserbedarfs ihre eigenen Ansprüche hat. Ziel des Gießens muß es sein, die Wasserversorgung den Beziehungen zwischen Pflanze und Umweltbedingungen anzupassen. Es ist deshalb unmöglich, genaue Hinweise zu geben, wann ein Bonsai und wie oft ein Bonsai gegossen werden muß.

Folgende Grundsätze sollten aber beachtet werden:

1. Grundsätzlich täglich einmal nachschauen.
2. Die Erde darf nie völlig austrocknen.
3. Wenn die Erde beginnt trocken zu werden (erkennbar an der Verfärbung), ist es Zeit zu wässern.
4. Nicht mit kaltem Wasser gießen; das Wasser sollte Zimmertemperatur haben. Die Wurzeln vieler tropischer Zimmerbonsai sind kälte-labil und sterben schon bei Temperaturen unter 15 °C ab. Gerade im

Hauptnährelemente: (Kernnährstoffe)	Stickstoff	(N)	Schwefel	(S)
	Phosphor	(P)	Magnesium	(Mg)
	Kali	(K)	Kalk	(Ca)
Spurennährelemente: (Spurennährstoffe)	Eisen	(Fe)	Kupfer	(Cu)
	Mangan	(Mn)	Bor	(B)
	Zink	(Zn)	Molybdän	(Mo)

Winter ist die Beachtung der Wassertemperatur besonders wichtig, weil Leitungswasser oft nur eine Temperatur von 5 °C aufweist.

5. Kein hartes Wasser verwenden. Im Gießwasser enthaltene Salze steigern den Salzgehalt (siehe Seite 70) der Erde. Durch den Kalkgehalt des Wassers kann sich die Bodenreaktion verschieben, es kommt zur Festlegung von Nährstoffen. Die Härte des Wassers wird in Grad Deutscher Härte (°DH) angegeben. 1 °DH bedeutet, daß 10 mg Calciumoxid in 1 Liter Wasser enthalten sind. Der Härtegrad des verwendeten Wassers sollte nicht über 12 °DH (8 bis 12 = mittelhart) hinausgehen. Den Härtegrad seines Leitungswassers erfährt man beim örtlichen Wasserversorgungsunternehmen. Zu hartes Leitungswasser kann man durch Tabletten, die im Fachhandel erhältlich sind, enthärten. Wer die Möglichkeit hat, Regenwasser aufzufangen, sollte dieses verwenden.

Bonsai haben nur einen relativ kleinen Gießrand, deshalb ist beim Wässern vorsichtig vorzugehen, damit keine Erde aus der Schale herausgespült wird. Ist die Erde sehr trocken geworden, stellt man die Schale bis zur halben Schalenhöhe solange in ein Gefäß mit Wasser, bis sich die Erde vollgesaugt hat. Dies erkennt man daran, daß keine Luftblasen mehr aufsteigen.

Nachdüngen

Die Ernährung der Pflanze ist Voraussetzung für ihren gesamten Stoffwechsel. Aus den Nährstoffen bauen Pflanzen durch Umformung und Assimilation arteigene Substanz auf, sie wachsen. Eine ausreichende und harmonische Nährstoffversorgung ist Voraussetzung für einen gesunden Bonsai.

Pflanzen benötigen zum Wachstum bestimmte mineralische Nährelemente, die sie mit ihren Wurzeln aus der Erde aufnehmen (siehe Tabelle). Werden der Erde die durch die Grunddüngung mitgegebenen Nährstoffe durch die Pflanze entzogen, müssen sie durch eine Nachdüngung ergänzt werden. Eine Nachdüngung ist gerade bei Bonsai wichtig, weil aufgrund des geringen Erdvorrats in den Schalen die Nährstoffe schnell aufgebraucht sind.

Der Farn Anemia phyllitidis ist eine besonders interessante Komplementärpflanze, die langsam wächst. ▷

Bonsai sind keine Hochleistungspflanzen, die reichlich Nährstoffe brauchen, um ihr genetisches Potential in meist kurzen Vegetationsperioden zu realisieren, d.h. die gewünschten hohen Erträge zu liefern. Grundsätzlich ist etwas weniger zu düngen, als wir es von anderen Zierpflanzen her kennen. Die Düngung muß immer im Gleichklang mit den anderen Wachstumsfaktoren stehen.

Dünger

Zur Nachdüngung sollte man Mehrnährstoffdünger (N-P-K-Dünger) mit Zusätzen von Spurennährelementen verwenden. Die Düngemittelindustrie bietet eine Reihe von Mehrnährstoffdüngern an, die aufgrund der Mittelwerte einer großen Reihe von Entzugszahlen verschiedener Pflanzenarten entstanden sind. Diese Mehrnährstoffdünger entsprechen in der Mehrzahl den Nährstoffansprüchen der Zimmerbonsai, deshalb braucht man in der Regel nicht für jede Pflanzenart und für jedes Entwicklungsstadium einen eigenen Dünger. Welche der nachfolgend aufgeführten Düngeformen man verwendet, ist jedem selbst überlassen. Wenn ein akuter Nährstoffmangel vorliegt, ist eine flüssige Düngung vorzuziehen.

Langzeitdünger

Nicht selten bereitet es dem Bonsailiebhaber, der flüssig nachdüngt, Schwierigkeiten, die Düngetermine einzuhalten. Wer diesem Termindruck entgehen will, sollte zur Nachdüngung einen Langzeitdünger verwenden, der nur alle drei bis vier Monate verabreicht werden muß. Der Vorteil der Langzeitdünger, die von verschiedenen Firmen angeboten werden, besteht in der langsamen, langanhaltenden Düngewirkung und der relativ einfachen Anwendung.

Der Verfasser verwendet in der Regel zur Nachdüngung den Langzeitdünger Osmocote. Dieser Dünger in Granulatform ist im Gartenbau weit verbreitet, wird aber auch in Kleinpackungen für Balkonpflanzen angeboten. Die Formulierung 15 : 12 : 15 (Stickstoff : Phosphor : Kali) hat eine Langzeitwirkung von drei bis vier Monaten.

Die einzige Schwierigkeit bei der Anwendung von Osmocote besteht darin, daß man wissen muß, wieviel Erde sich in der Bonsaischale befindet, denn die Dosierung richtet sich nach dem Erdvolumen. Pro Liter Erdvolumen bringt man alle drei bis vier Monate 2 g Osmocote auf der Erdoberfläche aus und drückt die Granulate leicht in die Erde ein. Dies ist wichtig, da die Nährstoffe sonst nicht ausreichend gelöst werden können.

Mineralische Dünger zur Flüssigdüngung

Mineralische Dünger sind von der Pflanze sofort aufnehmbar. Ein Nährstoffmangel kann schnell behoben werden.

Die Düngerindustrie bietet eine Vielzahl von vollwasserlöslichen (und nur solche sollten verwendet werden) Düngern zur Flüssigdüngung an. Sie werden in Salzform oder als Flüssigkonzentrate angeboten. Da sie vollwasserlöslich sind und ausschließlich aus Nährstoffionen bestehen, erhöhen sie den Salzgehalt des Bodens nur vorübergehend. Diese Dünger gibt es zum Teil mit unterschiedlichen Anteilen der Hauptnährelemente N:P:K. Verwendet werden sollten ausschließlich Dünger mit einem ausgeglichenen bis leicht stickstoffbetonten Nährstoffverhältnis.

Neben mineralischen Düngern zur Flüssigdüngung gibt es im Bonsaihandel seit einiger Zeit einen Flüssigdünger auf organischer Basis zu kaufen.

Grundsätzlich dürfen keine trockenen Pflanzen gedüngt werden, daher ist der Erdballen vor dem Düngen anzufeuchten.

Wie oft gedüngt wird und in welchen Konzentrationen, hängt nicht nur von der Jahreszeit ab, sondern vor allem von der jeweiligen Pflanzenart. Genauere Hinweise sind den Kulturhinweisen zu entnehmen. Auf keinen Fall sollte die Anwendungskonzentration höher als 0,2% (2 ml oder 2 g je Liter Wasser) sein. Salzdünger sind grundsätzlich in Wasser aufzulösen. Sie dürfen unter keinen Umständen auf die Erdoberfläche gestreut werden (Gefahr der Überdosierung, Verbrennungen).

Einer häufigen Flüssigdüngung in niedrigen Anwendungskonzentrationen ist gegenüber seltener Anwendung in hoher Dosierung der Vorzug zu geben. Wachstumsunterbrechungen infolge Nährstoffmangels und Schocks durch erhöhte Salzkonzentration werden so vermieden.

Organisch-mineralische Dünger

Diese Düngeform vereinigt die langanhaltende Wirkung (organischer Teil) mit der schnellwirkenden (mineralischer Teil). Wird diese Düngeform in zu hoher Konzentration angewendet, kann es aufgrund des mineralischen Anteils zu Überdüngungsschäden kommen.

Die Anwendungskonzentration ist abhängig von der Erdmenge, die sich in der Schale befindet. Im Abstand von etwa vier Wochen werden je Liter Erdinhalt 2 g Dünger auf die Erdoberfläche gestreut und gut eingewässert. Bei Unterpflanzungen und auf der Moosschicht kann es zu Verbrennungen kommen, wenn der Dünger nicht gut eingewässert wird!

Blattdüngung

Pflanzen sind in der Lage, die Nährstoffe auch über die Blätter aufzunehmen. Die Blattdüngung nimmt kurzfristig und direkt auf die Pflanzenentwicklung Einfluß. Man überbraust die Pflanzen mit einer Düngerlösung, die nicht höher als 0,1% (= 1 ml oder 1 g je Liter Wasser) konzentriert sein darf.

Spurennährelemente

Bei einigen Pflanzenarten kann es aufgrund des Fehlens einzelner Nährstoffe zu Mangelerscheinungen kommen. Solche Mangelerscheinungen sind häufig auf das Fehlen bestimmter Spurennährelemente zurückzuführen. Der Laie findet oft nur schwer heraus, welcher Nährstoff fehlt und wie dieser Mangel zu beheben ist. Es ist deshalb

Eisenmangel an Ixora stricta.

empfehlenswert, seinen Fachhändler oder seinen Gärtner um Rat und Hilfe zu bitten. Wenn ermittelt ist, was der Pflanze fehlt, so gibt es zur Korrektur des Mangels meistens eine Auswahl von Düngern.

Termine

Da es sich bei Zimmerbonsai um Pflanzenarten mit ganzjährigem Wachstum handelt, muß auch ganzjährig für eine ausreichende Nährstoffversorgung Sorge getragen werden. Aber das Wachstum verläuft nicht gleichmäßig über das ganze Jahr, da es ja auch von anderen Wachstumsfaktoren, insbesondere vom Licht abhängig ist. Das heißt, steht viel Licht zur Verfügung, ist viel Wachstum möglich, dann benötigt die Pflanze auch viele Nährstoffe. Deshalb werden in den Frühjahrs- und Sommermonaten mehr Nährstoffe benötigt als in den lichtarmen Herbst- und Wintermonaten. Eine Nachdüngung muß in richtiger Dosierung, der Jahreszeit und damit dem Wachstumsrhythmus entsprechend, durchgeführt werden. Ist verpflanzt worden, darf erst wieder gedüngt werden, wenn die Schale vollständig durchgewurzelt ist. In der Regel ist dies nach etwa acht Wochen der Fall.

Besondere Bonsaiformen

Waldform – Yose-ue

Zur Gestaltung der Waldform sind besonders kleinblättrige Pflanzenarten geeignet, die einen kräftigen Wurzelrückschnitt vertragen. Schon mit zwei- bis dreijährigen Pflanzen kann man Wälder gestalten. Man kann auch noch Bäume verwenden, die wegen einer einseitig entwickelten Baumkrone als Einzelbonsai nicht mehr in Frage kommen. Zur Bepflanzung verwendet man flache Schalen in unaufdringlichen Farben. Gepflanzt wird stets eine ungerade Zahl von Bäumen. Vor der Pflanzung sollte man sich eine Skizze anfertigen, auf der der Standort der einzelnen Bäume festgelegt wird.

Bei der Plazierung der Bäume sind einige Grundsätze zu beachten: Der in Höhe und Stärke dominierende Baum steht im Vordergrund, der zweitstärkste wird diesem zugeordnet, die anderen diesen beiden entsprechend der Höhe in Abstufungen. Kein Baum darf den anderen verdecken. Die vorderen Bäume sollten weiter auseinanderstehen als die hinteren, um die Tiefen-

Ulmus parvifolia, die Chinesische Ulme, ist auch als Waldform eine besondere Attraktion (Besitzer: Mr. Zeng Zi Ping aus Guangzhou, China).

Ein Wald entsteht. Für den Bonsaianfänger kann die Pflanzung eines Waldes ein guter Start zum Selbstgestalten sein, weil hier die Gesamtkonzeption und nicht so sehr der perfekt gestaltete Einzelbaum wirkt.

wirkung zu verstärken. Der Phantasie bei der Gestaltung sind keine Grenzen gesetzt. So kann man den Wald in einer geschlossenen Gruppe pflanzen oder auch in verschiedene Gruppen aufteilen. Wir erhalten Freiräume zwischen den einzelnen Gruppen, die den Eindruck einer Waldlichtung oder Waldschneise vermitteln.

Vor dem eigentlichen Pflanzvorgang muß die Schale vorbereitet werden. Durch die vorhandenen Löcher werden Drähte gezogen, an denen später ein Teil der Bäume fixiert werden kann. Anschließend wird auf dem Schalenboden eine flache Schicht Erde aufgebracht.

Jetzt werden die Pflanzen vorbereitet. Die Wurzeln müssen zum Teil stark eingekürzt werden, damit man die Pflanzen in der Schale auch unterbringen kann. Da überwiegend relativ junge Pflanzen verwendet werden, deren Wurzelsystem noch nicht stark ausgebildet ist, macht dies keine großen Schwierigkeiten, wenn gleichzeitig einzelne Äste ganz entfernt oder aber eingekürzt werden.

Sind alle Pflanzen vorbereitet, werden sie in der Schale plaziert und fixiert, zum Teil mit Hilfe der durch die Löcher zum Schalenboden gezogenen Drähte. Oder aber man packt die Wurzeln in eine feuchte Mischung aus Lehm und Torf und formt kleine Ballen, so daß die Pflanzen in der Schale aufgestellt werden können, ohne daß sie umfallen. Sind alle Pflanzen plaziert, wird die Schale mit Erde aufgefüllt.

Damit sich die Erde setzt und alle Hohlräume zwischen den Wurzeln und den Pflanzen gefüllt werden, wird die Erde mit einem Hölzchen in die Hohlräume gestochert. Dann werden Moose und kleine Kräuter untergepflanzt. Die Unterpflanzung soll die Wirkung des Waldes unterstreichen, keinesfalls darf sie dominieren.

Nach dem vorsichtigen Angießen der Schale, stellt man sie hell an einem geschützten Platz auf, bis durch die Bildung neuer Blätter und Wurzeln erkennbar ist, daß die Pflanzen angewachsen sind. Ist ein starker Wurzelrückschnitt erfolgt, stellt man die frisch bepflanzte Schale bis zur Durchwurzelung unter einen mit Folie bespannten Kasten.

Felsenpflanzungen

Bei der Felsenpflanzung unterscheidet man zwei Grundformen:

- Pflanzen, die auf einem Felsen wachsen, ohne daß die Wurzeln Verbindung zum Schalenboden haben. Sie klammern sich auf dem Felsen fest und beziehen aus ihm Nahrung und Wasser. Der Felsen steht in einer Schale mit Wasser oder weißem Sand.
- Pflanzen, die über einen Felsen wachsen. Die Wurzeln umklammern den Felsen und holen sich Nahrung und Wasser aus der Erde in der Schale, die den Felsen umgibt.

Auf dem Fels – Ishitsuki

Als Felsen eignen sich Steine mit rauher Oberfläche, mit Ritzen, Spalten oder Mulden. Wenn nötig, muß mit einem Meißel oder Steinbohrer nachgeholfen werden, um künstliche Vertiefungen zu schaffen. Neben der optischen Wirkung des Felsens muß auch dessen Standfestigkeit in der Schale berücksichtigt werden. Als Pflanzen eignen sich Bonsai im frei aufrechten, im geneigten und windgepeitschten Stil. Bei der Auswahl der Pflanzen ist darauf zu achten, daß Arten verwendet werden, die auch in der Natur in felsiger Umgebung wachsen. Der Fels darf keinesfalls überladen werden. Mindestens ein Drittel der Felsoberfläche sollte sichtbar sein. Man probiert vor der Pflanzung die Anordnung der Pflanzen auf dem Felsen aus.

Damit die Pflanzen Halt auf dem Felsen bekommen, werden mit Hilfe von Bleistücken fixierte Drähte in den Pflanzlöchern oder Mulden befestigt. Bei porösem Stein können auch Drahtkrampen verwendet werden, die man in den Felsen schlägt und durch die man den Draht zieht.

Die Erde wird unter Schonung der Wurzeln möglichst vollständig aus dem Wurzelballen herausgelöst. Die Wurzeln werden nur wenig beschnitten. Man füllt etwas Erde in die Löcher, stellt die Pflanzen darauf, verteilt die Wurzeln, befestigt die Pflanze vorsichtig mit dem im Loch fixierten Draht und umgibt die Wurzeln mit einer feuchten Torf-Lehm-Mischung, die der Pflanze zusätzlichen Halt gibt, aber gleichzeitig für das Wurzelwachstum geeignet sein muß.

Ist alles angepflanzt, wird das Erdreich mit frischem Moos oder anderen Unterpflanzen abgedeckt. Neben dem schöneren Aussehen hat die Unterpflanzung die Aufgabe, ein schnelles Austrocknen der Erde zu verhindern. Bei der Pflanzung auf dem Fels wird man meist verschiedene Pflanzenarten verwenden. Man sollte aber darauf achten, daß sie hinsichtlich der Wachstumsansprüche zusammen passen. In den ersten zwei bis vier Wochen wird der Fels geschützt aufgestellt und des öfteren übersprüht.

Ficus microcarpa, Lorbeerfeige, Pflanzung über dem Fels.

Über dem Fels – Sekijoju

Zur Pflanzung eignen sich besonders Arten mit möglichst langen Wurzeln. Die Pflanzenschale wird zu drei Viertel

Die Einzelschritte bei einer Pflanzung über dem Fels.

mit Erde gefüllt, der Fels etwas in die Erde eingegraben. Die Wurzeln der Pflanze werden nicht zurückgeschnitten. Da sie ein wesentliches Gestaltungselement sind, ist es wichtig, sie richtig zu plazieren. Sie werden über dem Felsen gleichmäßig verteilt; auf der Vorderseite sollten sich besonders attraktive Wurzeln befinden. Die Wurzelenden werden in die Erde eingegraben und die Bonsaischale bis zum Rand mit Erde aufgefüllt.

Die am Fels herablaufenden Wurzeln müssen die ersten Wochen nach der Pflanzung vor dem Vertrocknen geschützt werden. Dazu überzieht man sie mit einer Mischung aus feuchtem Lehm und Torf. Man kann auch feuchtes Moos verwenden. Das ganze wird noch mit einer Manschette aus Plastik oder Aluminiumfolie umgeben. Die Neuanpflanzung wird etwa einen Monat hell, aber geschützt aufgestellt und gut feucht gehalten. Sobald der Baum im Erdreich fest verankert ist, entfernt man die Manschette und wäscht die Erde am Felsen vorsichtig ab.

Floßform – Ikadabuki

Die Floßform bietet die Möglichkeit, einen kleinen Wald aus einer einzelnen Pflanze zu gestalten. Die einzelnen Stämme wachsen hierbei aus einem horizontal liegenden Stamm heraus, d. h. sie entwickeln sich aus den Ästen des liegenden Baumes.

Die Ausgangspflanze sollte auf einer Seite gut ausgebildete Seitenäste besitzen. Die Äste auf der anderen Seite werden bis zum Stamm abgeschnitten. Um die Wurzelbildung anzuregen, wird zusätzlich die Rinde auf der Unterseite des Stammes angeschnitten. Der Wurzelballen bzw. die Wurzeln werden zurückgeschnitten. Die so vorbereitete Pflanze wird horizontal in das Pflanzgefäß gelegt, dessen Boden man vorher mit etwas Erde bedeckt hat. Das erste Pflanzgefäß muß ausreichend groß sein, weil man den Wurzelballen nicht beliebig einkürzen darf. Der Stamm wird zur Hälfte mit Erde bedeckt und mit Drähten, die man vorher durch die Abzugslöcher gezogen hat, fixiert.

Der Zeitraum bis zur Wurzelbildung an der Unterseite des Stammes ist von Pflanzenart zu Pflanzenart verschieden. Hat eine ausreichende Wurzelbildung stattgefunden, kann der ursprüngliche Wurzelballen ganz entfernt werden.

Miniaturlandschaften – Sakei

Sakei sind in flache Schalen oder auf Tabletts gepflanzte kleine Landschaften, die ein Stück Natur widerspiegeln sollen. In Japan hat das Gestalten von Landschaften einen besonderen Stellenwert. So bestehen neben den traditionellen Bonsai-Schulen einige Sakei-Schulen, die sich in enger Anlehnung an die Bonsaikunst nur mit der Gestaltung von Miniaturlandschaften befassen. Auch in Deutschland findet diese Form der Beschäftigung mit Bonsai immer mehr Anhänger.

Sakei unterscheidet sich von Bonsai-Wäldern dadurch, daß nicht nur verschiedene Gehölzarten verwendet werden, sondern auch Gräser, Moose, Farne, kleine Kräuter, Steine, manchmal auch Figuren, Häuser und Brükken. Als Gefäße verwendet man flache Schalen und Tabletts in unauffälligen Farben. Es gibt auch Schalen mit Unterteilungen, die es ermöglichen, eine Seelandschaft zu gestalten.

Als Pflanzen verwende man zwei- bis dreijährige Jungpflanzen im Bonsai-Vorstadium. Wichtig ist bei einem guten Sakei, daß alle Gestaltungselemente harmonieren, natürlich wirken und nicht Phantasielandschaften einer unbekannten Welt darstellen. Die Technik der Anpflanzung ist die gleiche wie wir es von den anderen Formen her kennen.

Miniaturbonsai

Bonsai teilt man nach der Größe (gemeint ist die Höhe) in große Bonsai (60 bis 90 cm hoch), mittlere Bonsai (40 bis 50 cm) und kleine Bonsai (unter 30 cm) ein.

Eine besondere Stellung nehmen die Miniaturbonsai ein. Es handelt sich um Bäumchen, die kleiner als 15 cm sind. Miniaturbonsai erregen immer wieder Aufmerksamkeit. Sie gleichen in Aussehen und Gestaltung den größeren Brüdern und Schwestern.

Die Pflanzgefäße von Miniaturbonsai reichen von der Größe eines Fingerhutes bis zu einer Größe, die gerade noch Platz in einer Hand hat. Miniaturbonsai sind für den Bonsailiebhaber interessant, dem wenig Platz zur Verfügung steht. Er kann sich mit Miniaturbonsai eine sehr viel größere Sammlung schaffen als mit größeren Bonsai.

Im Prinzip kann in ähnlichen Zeitintervallen umgetopft werden wie bei großen Bonsai. Besser ist es jedoch, in den meisten Fällen jährlich umzutop-

Landschaftspflanzung (Saikei) aus Sageretia thea.

Oben: Eine Gruppe von Miniaturbonsais.

Unten: Ficus subulata als Miniaturbonsai.

fen, weil die geringe Erdmenge in den kleinen Gefäßen schnell durchwurzelt ist. Nach einem entsprechenden Wurzelrückschnitt kann meist in die gleiche Schale zurückgepflanzt werden.

Dem Gießen ist besondere Aufmerksamkeit zu schenken, weil der Wasservorrat infolge des geringen Erdvorrats schnell aufgebraucht ist. Grundsätzlich ist täglich einmal nachzuschauen, bei besonders kleinen Gefäßen auch mehrmals. Auch für Mi-

Minsai: Codiaeum variegatum var. pictum (links), Ficus microcarpa (mitte), Euonymus japonica, eine weiß-bunte Form (rechts).

niaturbonsais sind Nährstoffe lebenswichtig, deshalb müssen auch sie gedüngt werden. Allerdings geht man etwas sparsamer vor und nimmt nur die Hälfte der in den Kulturhinweisen angegebenen Konzentrationen.

Minsai

Unter der Bezeichnung »Minsai« werden seit einigen Jahren Miniaturbäume für das Zimmer im Handel angeboten. Ein Minsai besteht aus der Pflanze, die in einer flachen Kunststoffschale sitzt, durch die sich im Bodeninnenteil ein Docht zieht, und einer Keramikschale, in die die flache Kunststoffschale eingesetzt wird. Über den Docht wird die Pflanze mit Wasser versorgt. Das Besondere an Minsai ist im Vergleich zu den herkömmlichen Zimmerbonsais das Dochtwässerungs-System, das ein Vergießen der Pflanze weitgehend verhindert, vorausgesetzt, man hält sich an die Gebrauchsanweisung. Gegossen werden darf erst dann wieder, wenn die Erdoberfläche trocken ist. Dazu wird von oben gleichmäßig bis zum Schalenrand gegossen. Das Wasser, das von der Erde nicht aufgenommen wird, läuft in den

Zwischenraum. Von dort wird das Wasser in 10 bis 30 Minuten – je nach Größe des Gefäßes – vom Docht in die Erde gesogen. Man gießt das nächste Mal erst dann wieder, wenn die Erdoberfläche trocken geworden ist.

Mit diesem Aus- oder Antrocknungsprozeß wird erreicht, daß Sauerstoff an die Wurzeln kommt und diese gesund bleiben. Ein weiterer Vorteil: Die Erde kann nicht verrotten, wie es im herkömmlichen Gefäß bei gleichmäßiger Feuchtigkeit vorkommen kann. Man erspart sich dadurch über längere Zeit das Umpflanzen.

In der Zwischenzeit gibt es den Minsai auch noch mit einem anderen Bewässerungssystem auf dem Markt, welches für die optimale Wasserversorgung der kleinen Bäume sorgt. Unten in der Keramikschale befindet sich eine etwa 2 cm hohe gepreßte Steinwollmatte (Grodan) als Dränage. Dieses Material wirkt einerseits wie ein Schwamm und trägt so zur Wasserregulierung bei. Es liefert andererseits beständig Luft an die Pflanzenwurzeln. Der Grund für diese Neuentwicklung war das Verhalten der Verbraucher, die bei dem oben beschriebenen Dochtbewässerungs-System entgegen der Gebrauchsanweisung zu häufig gegossen haben. Das heißt, sie haben den Zwischenraum zwischen Keramiktopf und Kunststoffschale immer wieder aufgefüllt, ohne das Austrocknen des Wurzelballens abzuwarten. Die Pflanzen vernäßten. Wenn bei dem neuen System die Erdoberfläche trocken geworden ist, wird von oben gleichmäßig bis zum Schalenrand gegossen. Das Wasser, das von der Erde nicht aufgenommen wird, läuft in die Steinwollmatte. Von dort wird das Wasser innerhalb von 10 bis 30 Minuten, je nach Größe des Gefäßes, in das Substrat gesogen. Die Erde ist wieder durchwässert.

Neben den in diesem Buch aufgeführten Pflanzenarten zur Bonsaigestaltung umfaßt das Minsai-Sortiment noch andere Arten, unter anderem *Codiaeum variegatum* (Kroton), *Harpephyllum caffrum, Ficus elastica* 'Decora' und *Oxalis hedysaroides* 'Rubra'.

Stauden als Zimmerbonsais

Sogar eingefleischte Bonsailiebhaber gehen oft davon aus, daß nur holzige Pflanzenarten als Bonsai gestaltet werden können, doch zum Penjing – wie die Chinesen sagen –, kann jede Pflanzenart verwendet werden. Die Verwendung krautiger, meist mehrjähriger, seltener annueller Pflanzenarten in der Bonsaigestaltung ist nicht außergewöhnlich. So werden zur Unterpflanzung holziger Bonsais Moose, Farne, Gräser und kleine Kräuter hinzugezogen, um den Ausdruck der Solitärpflanze, des Waldes oder der Gruppe zu verstärken und abzurunden (siehe Seite 103). Im Vergleich zu dem an seinem Fuße wachsenden Miniaturfarn gewinnt dadurch jeder Bonsai-Baum an Größe und Würde. Krautige Pflanzenarten als Hauptthema zu behandeln, ist dagegen bei uns noch recht ungewöhnlich. Ein Blick nach China, der Wiege der Bonsaikultur, zeigt dagegen, daß Chinesen bei der Bonsaigestaltung häufig staudige Pflanzenarten als Hauptthema verwenden. Dies gilt in eingeschränktem Maße auch für Japan.

Die Abbildungen zeigen, wie krautige Pflanzenarten in Bonsaigefäßen wirken können, wie die Pflanze als Individuum herausgehoben werden kann, so daß ihre spezifische Schönheit wesentlich mehr zur Geltung kommt, als wenn sie als »Nur-Topfpflanze« gezogen wird. Die schnell und preiswert herzustellenden Blumen-Bonsais zeigen sehr nachdrücklich, daß das eigentliche »Bonsai-Erlebnis« nicht von der außergewöhnlich kostbaren materiellen Beschaffenheit, noch viel weniger vom überragenden ökonomischen Wert des Kunstgegenstandes abhängig ist, sondern einzig von der Fähigkeit des Betrachters, sich in das sich Darstellende zu versenken und sich von ihm ergreifen zu lassen. Wird auch bei Blumen-Bonsais hauptsächlich die Einzelpflanze geschätzt, so kann doch auch durch Kombination mehrerer Kräuter ein nachhaltiger Eindruck erzielt werden.

Equisetum japonicum. Ein Schachtelhalm, der sich auch im Zimmer gut hält.

Welche Pflanzenarten eignen sich?

Die Pflanzenauswahl bei Blumen-Bonsais ist noch vielfältiger als bei den Gehölzen. Für die Wohnung steht uns das breite Sortiment der krautigen Zimmerpflanzen zur Verfügung. Den einfachen Wildformen oder wildformartigen, nicht aber hybridisierten Zierformen ist dabei der Vorzug zu geben. Aber nicht jede Zimmerpflanze ist für unsere Zwecke von vornherein geeignet. Da Größenreduktion durch die üblichen Bonsaitechniken nicht möglich ist, kommt es darauf an, solche Pflanzenarten auszuwählen, deren Pflanzenwuchs in einem gut proportionierten Verhältnis zum Gefäß und etwaiger Begleitpflanzung steht. Ein wichtiges Kriterium ist, daß die Wurzeln auch in beengten Raumverhältnissen über einen längeren Zeitraum hinweg gedeihen können. Auch eine Reduktion der Wurzeln müssen die Pflanzen schadlos überstehen können. Aus diesem Grund sind bevorzugt jüngere Pflanzen zu verwenden, da viele Pflanzenarten eine starke Reduktion des Wurzelballens nicht überstehen würden. Der örtliche Blumenhandel hält eine Vielzahl krautiger Pflanzenarten als Miniaturpflanzen zur Verfügung. Man kann sie aber auch selber vermehren. In jedem Fall gilt es, das endgültige Bonsai-Gefäß so rechtzeitig zu bepflanzen, daß die Kräuter noch zusammenwachsen können bzw. die Einzelpflanze sich so entwickeln kann, daß ein wirklich naturhafter Eindruck entsteht.

Die Gestaltung

Die eigentliche Gestaltungsarbeit bei Blumen-Bonsais beschränkt sich auf die Auswahl des richtigen Gefäßes und die Plazierung der Pflanze(n) darin. Wichtigstes Gestaltungselement ist das Gefäß, denn erst durch die Schale wird eine normale Topfpflanze zum Penjing oder Bonsai. Später wird man auslichten und Pflanzenteile entfernen, die zu groß sind, die Blüten verdecken oder die Linienführung der Komposition stören.

Die Pflege

Bei der Kultur der Pflanzen können die bekannten Pflegehinweise über die jeweilige Pflanzenart herangezogen werden. Dies gilt insbesondere für die Temperatur- und Lichtansprüche. Der Bewässerung ist besondere Aufmerksamkeit zu schenken. Grundsätzlich sind die Pflanzen täglich zu kontrollieren. Aufgrund des geringen Erdvolumens ist zu empfehlen, die Schalen zu tauchen, damit man sich nicht scheut, wirklich reichlich und durchdringend zu gießen. Wenn das Wasser abgelaufen ist, werden die Pflanzen wieder an ihrem Standort aufgestellt. Auch der Düngung ist größte Aufmerksamkeit zu schenken. Zu denken, die Pflanzen brauchen in ihren kleinen Gefäßen nur wenig oder gar keinen Dünger, ist absolut falsch. Auch für krautige Bonsai-Arten stellt eine ausreichende und harmonische Nährstoffversorgung eine Grundvoraussetzung für ihre Gesundheit dar. Schließlich verfügen Pflanzen in Bonsaigefäßen nur über einen kleinen Bruchteil der Erdmenge, die ihnen frei ausgepflanzt oder auch im normalen Blumentopf zugänglich wäre. Wenn die Pflanze zu kümmern beginnt, keinen Zuwachs mehr ausbildet, die Blätter vergilben und schließlich abfallen, ist eine Düngung längst überfällig. Als Grundsatz gilt, wöchentlich in einer Konzentration von 0,1 % mit einem ausgeglichenen Mehrnährstoffdünger zur Flüssigdüngung zu düngen.

Empfehlenswertes Sortiment

Nachfolgend sind eine Anzahl von krautigen Pflanzenarten aufgeführt, mit denen gute Erfahrungen gemacht wurden und die sich zur Kultur im Zimmer eignen.

Acorus gramineus, der Kalmus, ist eine buschige, aus Japan stammende, dunkelgrüne Staude mit einem kriechenden Erdstamm und grasartigen Blättern. Bei 'Pusillus' sind die fächerförmig angeordneten Blätter nur etwa 10 cm hoch. 'Variegatus' hat gelbge-

Asparagus setaceus hat besondere Ausstrahlungskraft durch die filigranen, farnähnlichen Triebe.

streifte Blätter, bei 'Albovariegatus' sind sie weißgestreift.

Asparagus setaceus (syn. *A. plumosus*) ist ein starker Kletterer mit drahtigen Stengeln, die in freier Natur und in größeren Töpfen mehrere Meter Länge erreichen können. Die farnähnlichen Triebe und die sehr feinen, nadelähnlichen »Blättchen« stehen in einer Ebene. Mit ihrer im Verhältnis zum Volumen großen Oberfläche verdunsten die kleinen »Blätter« viel Wasser. Es sollte daher ausreichend gegossen werden. Bleiben die Pflanzen zu lange ohne Wasser, so daß Ballentrockenheit auftritt, werfen sie die Blätter ab. Zu groß gewordene Pflanzen können bis kurz über die Erdoberfläche zurückgeschnitten werden.

Begonia partita, die Bonsai-Begonie, macht ihrem Namen alle Ehre. Bei älteren Pflanzen verdickt sich die Stengelbasis knollig, auch die Seitentriebe verdicken sich unregelmäßig. Dadurch erhält die Pflanze einen bizarren, bonsaiartigen Habitus. Besonders ausgeprägt sind die Verdickungen bei Sämlingsvermehrungen. Aber auch stecklingsvermehrte Pflanzen ergeben einen sehr schönen Habitus. Zusätzliche Austrahlungskraft erhält *B. partita* durch ihren monatelangen Blütenflor von zierlich weißen Blüten, die von Mitte Mai bis Ende Oktober erscheinen. Sie stehen in einem sehr schönen Kontrast zu den dunkelgrünen, mehrfach gezackten Blättern, von denen jeweils ein Teil pfeilförmig

Chlorophytum bichetii ist eine relativ unbekannte Grünlilie.

verlängert ist. *B. partita* sollte auf keinen Fall zu »mastig« gehalten werden, da ansonsten die Bildung der Speicherverdickungen verringert wird.

Carex brunnea ist ein elegantes, hübsches Sauergras, welches in höheren Bonsaigefäßen besonders gut zur Wirkung kommt. Im Blumenhandel wird häufig die Sorte 'Variegata' angeboten, deren Blätter zwei gelbliche Längsstreifen aufweisen.

Chlorophytum bichetii ist mit der bekannten Grünlilie (*Chlorophytum comosum*) nahe verwandt. Das an den Rändern von weißen Streifen eingefaßte, lange, schmale Laub wirkt wesentlich eleganter als jenes der Grünlilie. Weiterhin bildet *C. bichetii* an den Blütenständen keine jungen Pflänzchen, so daß eine Vermehrung durch »Kindel« nicht möglich ist. Nur durch ein Teilen der Pflanzen erhält man Jungpflanzenmaterial. Ist das Laub einmal zu lang geworden, kann man es bis kurz über der Erdoberfläche zurückschneiden.

Coleus pumilus wächst mit dünnen, niederliegenden Trieben und hat kleine, dunkelbraune, grün gerandete Blätter. Die von November bis Februar erscheinenden blauen Blüten bedeuten einen weiteren Schmuck. *C. pumilus* kann leicht durch Stecklinge vermehrt werden, ist sehr wüchsig und stellt keine besonderen Ansprüche.

Equisetum japonicum ist ein Schachtelhalm, der sich auch in Zimmerkultur gut hält. Im Winter dürfen

Hypoxis hirsuta hat grasartige Blätter und attraktive sternförmige, gelbe Blüten.

die Temperaturen allerdings 15 °C nicht übersteigen. Wichtig ist es, die Erde ständig feucht zu halten. Auch eine hohe Luftfeuchte von über 60% ist anzustreben.

Hypoxis hirsuta, das Sterngras, ist eine behaarte Staude, mit mehr oder weniger knollenartigem Rhizom und schmalen, grasartigen Blättern. Die kleinen, sternförmigen, gelben Blüten erscheinen von Frühjahr bis in den Sommer hinein. *Hypoxis* will hell, jedoch vor praller Sonne geschützt stehen und nicht allzu warm. Im Winter sollten die Temperaturen auf Dauer nicht über 10 °C ansteigen.

Ledebouria socialis (syn. *Scilla violaceae*), ein Liliengewächs, ist eine kleine, aber sehr reizvolle Blattpflanze. Die Pflänzchen werden kaum höher als 15 cm und besitzen oberirdische Zwiebeln, aus denen sich die Blätter emporschieben. Die Zwiebeln sprossen stark, so daß man bald eine ganze Gruppe beisammen hat. Die lanzettlichen Blätter sind auffällig gefärbt. Ihre Oberseite ist grün-silbrig gefleckt, die Unterseite violett. Die grünlichweißen, in Trauben stehenden Blüten, fallen nur wenig auf. Je heller der Standort, desto intensiver verfärben sich die Blätter. Gelegentliche Ballentrockenheit schadet der in Südafrika heimischen Pflanze nicht.

Ophiopogon japonicus, der Schlangenbart, ist ein kleinbleibendes Liliengewächs mit grasähnlichem Laub, das sich durch starke Ausläuferbildung

Ophiopogon planiscapus (links) und Ophiopogon japonicus (rechts).

Rechte Seite: Phormium tenax. ▷

auszeichnet. Der deutsche Name »Schlangenbart« ist durch naive Deutung des japanischen Namens entstanden. Die Übersetzung ist eher originell als in irgendeiner Form zutreffend. Der Schlangenbart hat sehr bescheidene Ansprüche an Licht und Temperatur und läßt sich leicht durch Teilung vermehren. Die fleischigen Wurzeln können kurz zurückgeschnitten werden. Man sagt, daß der Schlangenbart im alten China auf keinem Schreibtisch eines Gelehrten fehlte, damit seine Augen auf dem Grün ausruhen konnten. Viele dieser Weisen hätten zu »ihrem« Gras eine so innige Beziehung gehabt, daß sie an der Stellung der Blätter das kommende Wetter, Regen, Gewitter, aber auch größere Bedrohungen wie Erdbeben hätten ablesen können.

Ophipogon planiscapus wird größer als *O. japonicus* und fällt durch ihr schwärzlich gefärbtes Laub und den reichen Beerenansatz auf.

Phormium tenax, der Neuseeländer Flachs, ist ebenfalls ein hübscher Blumen-Bonsai, dabei so pflegeleicht wie kaum eine andere Pflanze. Normalerweise erreichen die grundständigen, zweireihig angeordneten, schwertförmigen Blätter eine Länge von bis zu 3 m. Ihre tiefgrüne Farbe geht an den Rändern und am Blattkiel in rot oder bräunlich über. Im Handel sind auch einige Sorten erhältlich. Sie unterscheiden sich in ihrer Größe, im Wuchsverhalten und in der Färbung der Blätter. So gibt es Formen mit rötlicher und bronzener Färbung, sowie weiß- oder gelbgestreifte Sorten. Zur Blumen-Bonsai-Kultur eignen sich al-

Saintpaulia-Ionantha-Hybriden (links). Saxifraga stolonifera 'Tricolor' (rechts).

Rechte Seite unten: Davallia canariensis besitzt behaarte und schuppige Rhizome.

lerdings nur Sämlinge. Durch Teilung größerer Pflanzen gewonnene Teilstücke sind nicht geeignet.

Pogonatherum paniceum, der »Zimmerbambus«, ist ein zierliches Gras, welches dichte Büsche aus drahtigen, leicht überhängenden Halmen mit frischgrünen Grasblättern bildet. Die Pflanzen können bis kurz über die Erdoberfläche zurückgeschnitten werden.

Saintpaulia ionantha, das Usambaraveilchen, braucht nicht näher beschrieben zu werden. Wie die Abbildung zeigt, kann dem Usambaraveilchen als Blumen-Bonsai ein besonderer Reiz nicht abgesprochen werden.

Saxifraga stolonifera, der Judenbart, sieht man in Japan, meist in flachen Schalen, des öfteren als Blumen-Bonsai. Die langgestielten Blätter mit weißer Nervatur sind rund bis nierenförmig, unterseits tiefviolett, oberseits dunkelgrün gefärbt. Das ganze Blatt ist behaart. Im Sommer ist die große Rispe mit den vielen weißen Blüten eine zusätzliche Zierde. Bevorzugt verwendet wird die Sorte 'Tricolor'. Bei ihr kommt zu der grünen Blattoberseite und der violetten Unterseite ein cremeweißer, breiter Blattrand hinzu.

Farne zählen mit zu den ältesten und urtümlichsten Pflanzen der Erde. Sie gehören zu den exquisitesten Pflanzen, die man in der Natur findet, anmutig und zart in der Form, ihre Farbe varriiert in vielen Grünschattie-

rungen. So ist es nicht verwunderlich, daß gerade sie als Blumen-Bonsai besonders beliebt sind. Werden sie zu groß, vertragen sie einen Rückschnitt bis kurz über die Erdoberfläche.

Actiniopteris australis, der Strahlenfarn, ist ein niedrig bleibender, büschelig wachsender Farn mit fächerförmigen, aus zahlreichen gabelig verzweigten Segmenten bestehenden Wedeln. Der im tropischen Asien und Afrika heimische Strahlenfarn ist nicht einfach zu halten. Wichtig ist eine gleichbleibende Temperatur über 16 °C. Diese Erde ist im Gegensatz zu anderen Farnarten etwas trockener zu halten.

Adiantum, Frauenhaarfarn. Von den rund 200 Arten sind die relativ robusten Arten *A. hispudulum* und *A. pedatum* für unsere Zwecke am besten geeignet.

Anemia phyllitidis ist ein interessanter Farn, der im tropischen Amerika verbreitet ist. An den beiden unteren Fiederchen des Blattes sitzen aufgerichtet zwei langgestielte, verzweigte Sporangienstände.

Davallien besitzen behaarte und schuppige Rhizome, die eine gewisse Ähnlichkeit mit Tierpfoten haben und über die Ränder der Schalen im Laufe der Zeit hinauswachsen. In ihrer Heimat, den Tropen der Alten Welt, wachsen sie auf Bäumen und Felsen. Besonders gut geeignet ist *D. canariensis*, deren Wedel tief eingeschnitten sind. Im Winter reichen für *D. ca-*

Anemia tomentosa. Wenngleich Farne keine Blüten ausbilden sind sie doch nicht weniger attraktiv als Blütenpflanzen.

Hemionitis arifolia ist ein kleinwüchsiger tropischer Farn.

nariensis 10 °C. Aber auch höhere Temperaturen werden vertragen.

Didymochlaena truncatula aus der Familie der Schildfarngewächse besitzt ungleichseitige, fast ledrige Fiederblätter und ist einer der haltbarsten Farne für die Kultur in Schalen.

Dryopteris erythrosora, der Rotschleierfarn, fällt durch seine in der Jugend rötlich bis bronzefarbenen, im Alter glänzend-dunkelgrünen Wedel auf.

Hemionitis arifolia ist ein kleinwüchsiger tropischer Farn, dessen breitblättrige Wedel auf den ersten Blick wenig an Farnpflanzen erinnern. Die ledrigen, wie Pfeilspitzen geformten Wedel, sind in der Jugend glatt und cremefarben gezeichnet. Die fertilen Wedel sind stets länger gestielt als die sterilen Wedel. *Hemionitis* bevorzugt helles, indirektes oder durch Vorhänge gedämpftes Licht.

Nephrolepis exaltata, der Schwertfarn, gehört in seinen verschiedenen Kulturformen zu den am häufigsten angebauten Farnen. Die Fiederblätter sind bei den einzelnen Sorten recht unterschiedlich ausgebildet, oft gewellt oder nochmals gefiedert. Der Schwertfarn ist relativ anspruchslos, will aber weder zu naß noch zu trokken stehen.

Pellaea rotundifolia besitzt rundliche, wie poliert wirkende Fiederblättchen, die auf kurzen Stielen von einer drahtigen Mittelrippe ausgehen. Für die Bonsaikultur zu empfehlen ist auch

Pteris ensiformis ist als »normale« Topfpflanze weit verbreitet.

die mehr aufrecht wachsende Art *P. viridis* mit ihren frischgrünen Fiederblättchen.

Pteris, der Saumfarn, eignet sich vorzüglich als Blumen-Bonsai. *P. cretica* ist wohl die bekannteste Art. Von ihr gibt es in Handel zahlreiche unterschiedliche Formvariationen, darunter viele buntlaubige Sorten. Besonders interessant, da sie von Natur aus klein bleibt, ist die Art *P. ensiformis*, die in den Sorten 'Victoriae' und 'Evergemiensis' angeboten wird. Besonders anspruchslos und vor allem gegenüber tiefen Schatten unempfindlich erweist sich *P. umbrosa*.

Selaginella involvens ist in Indien, China, Japan und auf den Sunda-Inseln verbreitet. Es handelt sich dabei um ein hübsches, aufrechtwachsendes Mooskraut, das viel Wärme benötigt.

Auch viele **Sukkulenten** sind als Blumen-Bonsais geeignet. Beispielhaft seien hier Vetreter der Gattungen *Monanthes* und *Crassula* genannt. *Monanthes* ist eine auf den Kanarischen Inseln heimische Gattung. Es handelt sich um kleine, an Steinbrech erinnernde Sukkulenten mit kleinen, schuppen- oder keulenförmigen Blättern. Sehr schön sind auch die grünlichen, gelblichen oder rötlichen Blüten. In Frage kommen sowohl *M. polyphylla* (die »Vielblättrige«), *M. brachycaulon* (die »Kurzstengelige«), als auch *M. laxiflora* (die »Lockerblütige«).

Auch viele Sukkulenten eignen sich als Blumen-Bonsais. Vordere Reihe von links: Sedum compectum, Crassula socialis, Crassula rupestre, Crassula exilis ssp. cooperi. Hinten links: Monanthe muralis, hinten rechts: Rhipsalis madagascariensis.

Crassula exilis ssp. *cooperi* ist eine rasenbildende Art mit lanzettlich graugrünen, unterseits rötlichen, oberseits rötlich punktierten, dicht rosettig angeordneten Blätter. Eine weitere Zierde sind die kleinen weißen Blüten mit den roten Kelchblättern. *C. socialis* bildet kleine, vierzeilig beblätterte, hellgrüne Rosetten, die zu kompakten Rasen zusammentreten. Hübsch sind auch die kleinen weißen Blüten. Bei *C. rupestre* sind die fleischigen, breitovalen, kurzbespitzten, graugrünen, rot punktierten und rot gerandeten Blätter an der Basis miteinander verwachsen. Bei intensiver Sonnenbestrahlung färbt sich die ganze Pflanze leuchtendrot.

Die Sukkulente *Sedum compactum* ist eine zierliche rasenbildende Art, die nur wenige Zentimeter hoch wird. Die kleinen, eiförmigen, graugrünen Blätter stehen dicht übereinander. Ihre kleinen weißen Blüten stehen in kurzen kaum verlängerten Rosetten und duften stark.

Gestaltung der Erdoberfläche

Neben der Gestaltung des Bonsai und der Wahl der geeigneten Schale, hat die Gestaltung der Erdoberfläche keine untergeordnete Bedeutung bei der Gesamtbeurteilung eines Bonsai. Eine Bepflanzung der Erdoberfläche hat nicht nur eine dekorative, sondern auch eine nützliche Funktion. Eine bedeckte Oberfläche schützt die Erde vor zu raschem Austrocknen und verhindert ein Abschwemmen der Erde beim Gießen.

Die am häufigsten zur Gestaltung der Erdoberfläche verwendeten und eindrucksvollsten Pflanzenarten sind die verschiedenen Moose. Nun können wir für unsere Zimmerbonsai nicht das gleiche Moos verwenden wie für Freilandbonsai. Genauso wie der Bonsai für die Wohnung geeignet sein muß, muß auch das Moos für die dort herrschenden Temperaturverhältnisse geeignet sein.

Es ist sehr schwierig, geeignete Moose für Zimmerbonsai zu beschaffen. Am sichersten ist es, Moose zu verwenden, die sich in den Gewächshäusern der Gärtnereien von selbst auf Blumentöpfen, Mauern und Tischen angesiedelt haben. Man kann davon ausgehen, daß solche Moose auch für die Zimmerkultur geeignet sind. Für den Gärtner sind sie ohnehin nur lästige Begleiter der Kulturpflanzen, und er wird nichts dagegen haben, wenn man ihn bittet, etwas davon sammeln zu dürfen. Stehen genügend flache Moospolster zur Verfügung, so können sie direkt auf die Erdoberfläche aufgelegt und wenn nötig, mit Drahtklammern befestigt werden.

Eine besonders gleichmäßige Moosoberfläche erhält man, wenn die gesammelten Moospolster getrocknet, anschließend fein zerkrümelt mit etwas Sand vermischt und diese Mischung gleichmäßig auf der Erdoberfläche aufgebracht und gut eingewässert wird. Schon nach wenigen Tagen beginnen die in den Mooskrümeln enthaltenen Sporen zu keimen. Nach und nach bildet sich ein schöner gleichmäßiger Moosteppich auf der Oberfläche aus.

Als Moosersatz können auch andere kriechende kleinblättrige Pflanzenarten verwendet werden:

- *Soleirolia soleirolii* (Bubiköpfchen) oder
- flachwachsende *Selaginella*-Arten (Moosfarne) wie *S. apoda, S. involvens, S. kraussiana, S. rotundifolia.*
- Sehr schön sind auch flachwachsende Crassulaceen-Arten wie *Sedum compactum* (graugrüne Blätter, rasenbildend), *Sedum dasyphyllum* (blaugrüne Blätter, rasenbildend), *Sedum polyphylla, Crassula comptonii* (rasenbildend, kleine gelbe Blüten im Frühjahr) und *Crassula exilis* ssp. *cooperi.*

Pflanzen zur Gestaltung der Erdoberfläche: Moose (oben links), Soleirolia soleirolii (Bubikopf, oben rechts), Selaginella kraussiana (Mitte links), Sedum dasyphyllum (Mitte rechts), Pilea microphylla (unten).

Corokia cotoneaster. Der Zickzackstrauch ist nicht nur wegen seiner vielen kleinen gelben Blüten eine besondere Attraktion.

Bubiköpfchen und Moosfarne werden im Blumenhandel angeboten. Die Erde aus dem Wurzelballen wird weitgehend entfernt, die Wurzeln werden stark zurückgeschnitten, die Pflanzen der Erdoberfläche aufgelegt, mit Drahtklammern festgeklammert und gut angegossen. Das Bonsaigefäß wird vor Sonne und starker Zugluft geschützt aufgestellt, bis die Wurzeln der Pflanzen Fuß gefaßt haben. Sind die Pflanzen angewachsen und zeigen sie ein zu starkes Wachstum, so daß z. B. vom Schalenrand nichts mehr sichtbar ist, kann man sie unbesorgt zurückschneiden.

Die genannten Crassulaceen sind im Kakteen- und Sukkulentenhandel erhältlich und werden in der Regel in bonsaigerechten Topfgrößen angeboten. Unbewurzelte Triebstücke auf die Erdoberfläche gelegt und festgeklammert, bewurzeln sich in kurzer Zeit ohne Schwierigkeiten und ohne besondere Schutzmaßnahmen. Interessant zur Begrünung der Erdoberfläche ist auch die kriechende *Peperomia rotundifolia* (Pfeffergesicht). Andere nicht aufgeführte Pflanzenarten sind geeignet, wenn sie im richtigen Größenverhältnis zum Bonsai stehen und für das Zimmer taugen.

Pflanzenschutz

Optimale Wachstumsbedingungen für die Pflanzen zu schaffen, ist eine der wichtigsten und wirkungsvollsten Voraussetzungen für die Gesunderhaltung unserer Bonsai. Im einzelnen heißt dies richtig ausgewogene Düngung, gleichmäßiges Gießen, einwandfreie sterilisierte Erde, ausreichende Belichtung und Belüftung sowie angemessene Temperatur.

Trotz guter Kulturbedingungen kommt es aber immer wieder vor, daß Pflanzen von Schädlingen und Krankheiten befallen werden. Bonsai sind deshalb regelmäßig zu kontrollieren und gegebenenfalls sofort zu behandeln. Bei der Kontrolle sind vor allem die Unterseiten der Blätter zu beachten.

Krankheiten

Umfall- oder Vermehrungskrankheit

Die Sämlinge bzw. Stecklinge fallen um und sterben ab. Der Wurzelhals und die unteren Stengelteile sind meistens braun bis schwarz verfärbt. Die Ursache können verschiedene Bodenpilze sein wie *Pythium, Rhizoctonia, Phytophthora*. Die auf Pflanzenresten und anderen organischen Stoffen im Boden lebenden Pilze befallen von dort aus die Keimlinge und Stecklinge. Sie dringen in das Pflanzengewebe ein.

Grauschimmel

An Blättern, Blüten und krautigen Stengeln der Pflanzen entstehen braunfaule Stellen, die sich mit weißgrauem Schimmelrasen überziehen. Die Ursache ist der Pilz *Botrytis cinerea*. Dieser Pilz befällt bevorzugt junge und geschwächte Pflanzen (z. B schlecht ernährte). Er dringt in das Pflanzengewebe ein und das zerstörte Gewebe färbt sich braun. Später bildet sich darauf ein grauer Schimmelbelag, der aus Sporenträgern des Pilzes besteht. Hohe Luftfeuchtigkeit, verbunden mit geringer Luftbewegung, begünstigt die Entwicklung dieses Pilzes.

Falscher Mehltau

Auf der Unterseite der Blätter ist ein weißgrauer Schimmelrasen vorhanden. Auf der Blattoberseite zeigen sich zunächst bleichgelbe Flecken, die später eine dunklere Farbe annehmen. Auch die Stengel werden befallen. Stark erkrankte Pflanzenteile vertrocknen und sterben ab. Der Pilz wächst in der Pflanze. Durch die Spaltöffnung treibt er nach außen bäumchenförmige Sporenträger, die in ihrer Gesamtheit als schimmelartiger Belag

Casuaria equisetifolia ist bei uns als Bonsai selten (Besitzer: Mr. Ismail Saleh aus Jakarta, Indonesien). ▷

Mehltau an Sageretia thea.

sichtbar werden. Hohe Luftfeuchtigkeit begünstigt die Entwicklung des Pilzes.

Echter Mehltau

Blätter (Ober- und Unterseite) und Stengel sind mit einem weißlichen, mehlartigen Belag bedeckt, der sich abwischen läßt. Es kommt zu Wuchsstörungen und Verkümmerung der Blätter. Bei starkem Befall färben sich die erkrankten Pflanzenteile braun und sterben ab. Der weiße Belag ist das Myzel des Pilzes, der außen auf den Pflanzen wächst. Mit Saugfortsätzen entnimmt er den Wirtszellen die Nährstoffe. Starke Temperaturschwankungen und hohe Stickstoffgaben fördern das Auftreten des Echten Mehltaus.

Schädlinge

Spinnmilben (Rote Spinne)

Die Blätter sind oberseits weiß-gelblich gesprenkelt, auf der Blattunterseite befindet sich ein feines Gespinst mit rötlichen oder grüngelben Milben. Die Blattflecken fließen ineinander, und das gesamte Blatt bekommt schließlich einen fahlen Farbton. Die Blätter vertrocknen und fallen ab. Spinnmilben schädigen durch Saugen, das angestochene Gewebe stirbt ab, und es entsteht das beschriebene Schadbild. Die Tiere vermehren sich äußerst schnell, der ganze Entwicklungsgang dauert nur zwölf bis zwanzig Tage. In einem Jahr können bis zu zehn Generationen auftreten.

Blattläuse

Die Blätter sind gekräuselt und eingerollt. Es kommt zu Wachstumsstörungen und im Endstadium zu Absterbeerscheinungen. Auf der Unterseite der Blätter und an den Trieben sitzen oft ganze Kolonien 1 bis 4 mm lange, grüne, gelbliche, rötliche oder schwarze Blattläuse. Die befallenen Pflanzenteile sind von einem klebrigen Film überzogen (Honigtau), auf dem sich später oft Rußtaupilze ansiedeln und die Blätter mit einem schwarzen Belag überziehen. Die Blattläuse schädigen durch Saugen. Dabei sondern sie einen Stoff ab, der die Kräuselung und Deformierung der Blätter und Triebe bewirkt. Beim Honigtau handelt es sich um zuckerhaltige Ausscheidungen der Tiere.

Schild-, Woll- und Schmierläuse

An holzigen und grünen Pflanzenteilen sitzen kleine graue, braune oder schwärzliche, schuppen-, komma- oder napfförmige Schilde, darunter kleine bewegungsunfähige Insekten, oft eingebettet in Wachsausscheidungen. Die Schildläuse bevorzugen holzige Arten und Pflanzen mit derben Blättern. Sie schädigen durch Saugen wie die Blattläuse und scheiden auch Honigtau aus, der von Rußtaupilzen besiedelt wird.

Wurzelläuse

Die Pflanzen stocken im Wachstum, die Blätter vergilben. An den Wurzeln saugen weiße Läuse, die mit weißen Wachsfäden bedeckt sein können. Bei den Wurzelläusen kann es sich um verschiedene Blattlausarten handeln, die zum Teil wirtswechselnd sind und zeitweise oberirdisch leben. Die Wurzelläuse schädigen durch Saugen.

Weiße Fliege (Mottenschildlaus)

Die Blätter werden gelbfleckig und vergilben. Auf der Blattunterseite sitzen zahlreiche, beim Berühren der Pflanze sofort auffliegende etwa 2 mm lange, geflügelte, mit weißem Wachsstaub bepuderte Insekten oder deren gelblich-grüne, schildlausähnliche Larven. Sie produzieren große Mengen von klebrigem Honigtau, auf dem sich ebenfalls Rußtaupilze ansiedeln können.

Chemische Bekämpfung

Für die Bekämpfung gibt es eine große Auswahl von Pflanzenbehandlungs- und Schädlingsbekämpfungsmitteln auf dem Markt. Da das Angebot geeigneter Mittel ständig im Wandel ist, soll darauf verzichtet werden, bestimmte Pflanzenbehandlungs- und Schädlingsbekämpfungsmittel zu nennen. Der Fachhandel berät bei der Auswahl.

Die richtige Erkennung der Ursache einer Pflanzenkrankheit oder -schädigung ist nicht immer leicht. Man hat aber die Möglichkeit, sich in Fällen, in denen man sich über die Ursache einer Krankheit oder Schädigung im unklaren ist, beim Pflanzenschutzdienst der Pflanzenschutzämter und ihren Bezirksstellen Auskunft zu holen.

Sinnvoller chemischer Pflanzenschutz erfordert eine hohe Verantwortung des Anwenders. Er sollte chemische Präparate nur dann anwenden, wenn keine andere Möglichkeit der Abwehr besteht. Pflanzenbehandlungsmittel sind oft nicht ungefährlich, da sie zum überwiegenden Teil Schadorganismen, d. h. Lebewesen vernichten sollen. Viele dieser Mittel wirken jedoch nicht spezifisch auf den zu bekämpfenden Organismus, sondern

Auch im Zimmer können Nützlinge Schädlinge bekämpfen, hier: Raubmilben im Einsatz gegen Spinnmilben.

können bei unsachgemäßem Einsatz auch die zu schützenden Pflanzen oder die Gesundheit des Menschen gefährden und andere Lebewesen beeinträchtigen.

Bevorzugt sollten zur Bekämpfung von Schaderregern sogenannte Biologische Pflanzenschutzmittel zum Einsatz kommen, z. B. Kaliumsalze natürlicher Fettsäuren (wie Neudosan) gegen tierische Schädlinge oder lecithinhaltige Präparate gegen Pilze (z. B. Bio-Blatt-Mehltaumittel gegen Echten Mehltau).

Bei der Anwendung chemischer Präparate sollten folgende Punkte beachtet werden:

- Wahl eines zugelassenen, wirksamen, dabei relativ ungiftigen Mittels,
- Schutzvorschriften beachten,
- Einhaltung der Gebrauchsanweisung der Hersteller,
- Keine Überdosierung vornehmen (viel hilft nicht immer viel),
- Anwendung bei Sonne und hohen Temperaturen vermeiden (kann zu Pflanzenschäden führen).
- Wechseln der Pflanzenschutzmittel. Eine ständig wiederholte Anwendung gleicher Pflanzenschutzmittel oder Präparate auf gleicher Wirkstoffbasis fördert das Auftreten der Resistenz.

Biologische Schädlingsbekämpfung

Nahezu alle Pflanzenschädlinge haben natürliche »Feinde«, die wir als Nutzorganismen oder Nützlinge bezeichnen. Die meisten nützlichen Arten finden sich bei den Insekten, Spinnen, Milben und Nematoden. Doch auch mikroskopisch kleine Krankheitserreger von Schädlingen, nämlich Mikroorganismen wie Bakterien und Pilze sowie Viren, gehören zu den Gegenspielern.

Noch vor wenigen Jahren war der Einsatz von Nützlingen, also von räuberischen oder parasitischen Insekten, Milben und Nematoden, als Alternative zum chemischen Pflanzenschutz ausschließlich Erwerbsgärtnern vorbehalten. Heute können auch Hobbygärtner die Vorteile dieses umwelt- und anwenderfreundlichen Verfahrens nutzen. Die Luft wird nicht belastet und die Gesundheit des Menschen nicht gefährdet. Wo immer Nützlinge freigelassen werden, kann man die Pflanzen jederzeit berühren, und Kinder müssen nicht ferngehalten werden.

Gegen verschiedenste Schädlinge an Pflanzen im Zimmer, Wintergarten oder Gewächshaus können Nützlinge eingesetzt werden: Räuberische Gallmücken gegen Blattläuse, Florfliegen gegen Blattläuse und Thripse, Raubmilben gegen Spinnmilben, Schlupfwespen gegen Weiße Fliege und Parasitäre Nematoden gegen Dickmaulrüßler oder Trauermücken.

Pilzliche Erreger, Bakterien und Viren können bisher noch nicht mit biologischen Verfahren bekämpft werden. Verfahren zur Bekämpfung bodenbürtiger Pilze mit Hilfe eines Bakteriums sind zwar in der Entwicklung, aber noch nicht praxisreif bzw. zugelassen.

Die Nützlinge werden in der Regel über Bestellgutscheine, die im Gartenfachhandel erhältlich sind, bestellt. Für jede Art gibt es einen gesonderten Bestellgutschein, der neben einigen Kurzinformationen über den entsprechenden Schädling und Nützling eine Anforderungskarte enthält, welche auszufüllen und einzusenden ist.

Voraussetzungen für den erfolgreichen Nützlingseinsatz:

- Regelmäßiges Kontrollieren der Pflanzen auf Schädlingsbefall
- Gelbsticker sind sehr hilfreich bei der Früherkennung fliegender Schädlinge.
- Sofortige Bestellung der Nützlinge nach Entdecken der ersten Schädlinge.
- Rechtzeitiger Einsatz der Nützlinge beim allerersten Auftreten der Schädlinge bzw. beim Auftreten der bekämpfungsfähigen Schädlingsstadien und nicht erst, wenn sich bereits Schadsymptome an den Pflanzen zeigen.
- Ausbringung der Nützlinge möglichst noch am Ankunftstag.
- Keine Anwendung chemischer Bekämpfungsmittel vor oder während des Nützlingseinsatzes.
- Beachtung der erforderlichen Durchschnittstemperatur von mindestens 18 °C (Nachtabsenkung bis 10 °C stellen i. d. R. kein Problem dar; bei zu hohen Temperaturen muß gelüftet bzw. schattiert werden) bzw. mindestens 10 °C Bodentemperatur beim Einsatz parasitärer Nematoden.

Kulturhinweise

Die in diesem Teil des Buches beschriebenen Pflanzenarten subtropischer und tropischer Gebiete eignen sich zur Bonsaigestaltung und können im Zimmer kultiviert werden. Ein Teil der Pflanzenarten ist als Bonsai im Handel erhältlich. Sie sind meist japanischer und chinesischer Herkunft, viele kommen aus Israel und anderen Mittelmeerländern, einige stammen aus Hawaii, ein großer Teil aus einheimischer Kultur.

Viele der aufgeführten Arten sind als Zimmerpflanzen schon lange bekannt und als Topfpflanzen im Handel erhältlich. Tropische und subtropische Sämereien führt der Samenfachhandel. Auch Botanische Gärten sind im Rahmen ihrer Möglichkeiten oft bei der Beschaffung von Vermehrungsmaterial behilflich. Bei einigen Arten kann die Beschaffung von Pflanzenmaterial, Jungpflanzen, Stecklingen oder Samen Schwierigkeiten bereiten. Der Fachhandel wird sein Sortiment aber um solche Pflanzenarten erweitern, für die es einen Markt gibt (siehe auch Bezugsquellennachweis im Anhang).

In den Kulturhinweisen finden sich spezielle Hinweise, die bei der Kultivierung der einzelnen Pflanzenarten als Bonsai beachtet werden müssen.

Ficus microcarpa als Felsenform.

Sämtliche Hinweise basieren auf Erfahrungswerten des Autors und auf Empfehlungen, die über diese Pflanzenarten anderweitig bekannt geworden sind. Man sollte aber immer daran denken, daß Pflanzenwachstum von sehr vielen Faktoren abhängig ist. Insbesondere hinsichtlich der Zeitangaben kann es deshalb zu Abweichungen nach oben oder unten kommen.

Die Kulturhinweise sind in mehrere Abschnitte gegliedert:

1. Botanischer und, wenn vorhanden, deutscher Name der Pflanze

Ist am Anfang nur der Gattungsname aufgeführt, sind mehrere Arten dieser Gattung zur Bonsaigestaltung geeignet. Die einzelnen Arten sind im Anschluß an die Kulturhinweise aufgeführt. Ungültige botanische Name (Synonyme) sind in Klammern gesetzt.

Außerdem findet sich in diesem Abschnitt eine Kurzbeschreibung der Pflanze, Angaben zum natürlichen Verbreitungsgebiet und Allgemeines.

2. Standort

Allgemein ist mit der Standortbeschreibung ein Fensterplatz gemeint (siehe Seite 56). Der Hinweis auf einen hellen Standort besagt, daß Fensterplätze aller Himmelsrichtungen geeignet sind. Vollsonnig bedeutet Südfenster, hell bis sonnig bedeuten Ost-, West- und Südfenster. Allerdings ist es bei Südfenstern notwendig, im Sommer in den Mittagsstunden die Pflanzen vor direkter Sonnenbestrahlung zu schützen (Rollo, Markise, Gardine, Zeitungspapier). Sind zur Temperatur keine speziellen Hinweise gegeben, kann davon ausgegangen werden, daß diese Pflanzenarten bei Temperaturen von 15 °C aufwärts stehen können. Werden hinsichtlich von Standorten über der Heizung keine besonderen Angaben gemacht, so ist für diese Pflanzenart ein Standort über der Heizung möglich. Auch ist angegeben, ob im Sommer ein Standort im Freien zu empfehlen ist.

3. Feuchtigkeit

Die Angaben sind nur als zusätzliche Hinweise zu den auf Seite 71 allgemein gültigen Angaben zu verstehen.

4. Düngen

Die Hinweise zur Düngung beschränken sich auf Angaben über die Flüssigdüngung, d. h. wann, wie oft und in welcher Konzentration gedüngt werden sollte. Sie gelten für ältere Bonsai, die erste Gestaltungsmaßnahmen erfahren haben und in Bonsaigefäßen stehen. Die erste Nachdüngung erfolgt etwa sechs bis acht Wochen nach dem letzten Verpflanzen, wenn die Schale durchwurzelt ist. Für die Düngung mit Langzeitdüngern gelten die Hinweise auf Seite 72, deren es keiner weiteren Erklärung mehr bedarf.

5. Umpflanzen

Hier ist angegeben, wann ein erstmaliges Einpflanzen von selbst vermehrten Pflanzen in eine Bonsaischale empfohlen werden kann. Die Zeitangaben gelten für mittlere Bonsaigrößen. Weiterhin ist angegeben, in welchen Zeiträumen ältere, gestaltete (mindestens zehn Jahre alte) Bonsai im Normalfall (siehe Seite 60) umgepflanzt werden sollten. Es ist auch angegeben, welche selbst hergestellte Erdmischung für die jeweilige Pflanzenart empfehlenswert ist, wenn nicht Industriesubstraten der Vorzug gegeben wird. Sind keine Angaben zum Zeitpunkt des Umpflanzens gemacht, ist ein Umpflanzen während des ganzen Jahres möglich. Allerdings ist es sinnvoll, zu Beginn der Hauptwachstumszeit im Frühjahr umzupflanzen.

6. Vermehren
Es wird die Vermehrungsart angegeben, die am schnellsten zum Erfolg führt und der Zeitpunkt, an dem sie durchgeführt werden sollte.

7. Gestaltung
Hier sind Hinweise gegeben, die bei der Gestaltung der jeweiligen Pflanzenart beachtet werden sollten, d. h. wie man Jungpflanzen behandelt, wie und wann Schnittmaßnahmen durchgeführt werden, ob ein Drahten erforderlich ist, wann der Draht angelegt und wann er wieder entfernt werden sollte.

Acacia, Akazien (»Mimosen«)

Sie stammt aus den subtropischen und tropischen Gebieten Australiens, Mittelamerikas und Afrikas und umfaßt immergrüne Bäume, einige Sträucher, aber auch Schling- und Kletterpflanzen. Die Blätter sind meist doppelt gefiedert, oft silbrig. Einige Arten zeichnen sich durch sogenannte Phyllodien aus, blattähnliche Gebilde, die aus verbreiterten Blattstielen hervorgehen. Die Blüten sind vorwiegend gelb, selten weiß. Die zahlreichen hervorstehenden gelben Staubgefäße geben der Blüte ihren Reiz. Unter dem falschen Namen »Mimose« sind ihre Blütenzweige als Winterschnittblume im Handel. Als Topfpflanze im Handel erhältlich.

Standort: Hell bis sonnig, im Winter Temperaturen von 12 bis 20 °C. Direkten Standort über der Heizung vermeiden. Im Sommer auch im Freien.

Feuchtigkeit: Substrat gleichmäßig feucht halten. Akazien sind gegen Ballentrockenheit, aber auch gegen stauende Nässe sehr empfindlich. Kein hartes Gießwasser verwenden.

Düngen: Frühjahr bis Herbst alle zwei Wochen, im Winter alle vier Wochen 0,05 %.

Umpflanzen: Erstes Einpflanzen nach drei bis vier Jahren. Umpflanzen alle zwei Jahre. Wurzeln schonend behandeln. Erdmischung I ohne Kohlensauren Kalk.

Vermehren: Durch Samen ganzjährig, Samen ist aufzurauhen. Vermehrung durch Stecklinge möglich.

Gestaltung: Akazien besitzen in der Regel einen stark dominanten Leittrieb. Aus diesem Grunde frühzeitig mit dem Stutzen beginnen. Später Neuaustriebe immer auf einen Blattansatz zurücknehmen. Akazien wachsen in ihrem Verbreitungsgebiet oft mehrstämmig bzw. haben einen kurzen Hauptstamm mit starken Seitenästen und schirmförmiger Krone. Beim Drahten von Seitenästen ist Vorsicht geboten, da sie beim Biegen leicht ausbrechen können. Draht spätestens nach vier Monaten wieder entfernen.

Acca sellowiana (Feijoa), 5 Jahre, 25 cm.

Empfehlenswerte Arten: *Acacia baileyana, A. farnesiana, A. karroo, A. senegal, A. dealbata, A. melanoxylon, A. retinodes, A. verticillata.*

Acca sellowiana (syn. Feijoa sellowiana), Feijoa

Die Feijoa ist ein in Südamerika beheimateter Strauch oder kleiner Baum von knorrigem Wuchs und mit interessanter Rinde. Sie gehört zur Familie der Myrtaceae. Die eirunden, gegenständig sitzenden Blätter sind auf der Oberseite dunkelgrün, auf der Unterseite weißfilzig graugrün. Die Hauptzierde dieser Pflanze sind die im späten Frühjahr und Frühsommer in den Blattachseln erscheinenden Blüten.
Standort: Am sonnigsten Platz, bei Temperaturen um 18 °C. Im Sommer ist ein sonniger, aber regengeschützter Standort im Freien zu empfehlen. Im Winter sollte sie hell stehen, bei Temperaturen um 10 °C. Gelegentlich sind höhere Temperaturen möglich.
Feuchtigkeit: Gleichmäßig feucht halten. Gießt man zuviel, geht die Feijoa ein, gießt man zuwenig, wirft sie alle Blätter ab. Ballentrockenheit bedeutet meist den Tod für die Pflanze. Kein hartes Wasser verwenden.
Düngen: Mit Dünger sparsam sein. Während der Wachstumsperiode wöchentlich 0,05%ig düngen. Ende August das Düngen ganz einstellen, um das Ausreifen der Triebe zu fördern.
Umpflanzen: Erstes Einpflanzen nach fünf Jahren. Umpflanzen alle zwei bis drei Jahre. Erdmischung I ohne Kohlensauren Kalk, aber mit erhöhtem Sandanteil verwenden, damit überschüssiges Wasser gut ablaufen kann.
Vermehren: Durch Aussaat ganzjährig. Stecklingsvermehrung möglich.
Gestaltung: Die Feijoa wächst von Natur aus sehr sparrig. Jungpflanzen sind häufig zu stutzen, um eine ausreichende Verzweigung zu erreichen. Die Blüten sitzen einzeln in den untersten zwei oder vier Blattachseln des neuen Jahrestriebes. Daher sollte man bei älteren Pflanzen, bei denen eine Blüte gewünscht wird, den Rückschnitt der Triebe zum Ausgang des Winters vornehmen. Während der Wachstumsperiode die Krone nur auslichten. Ein starker Rückschnitt ins alte Holz kann nicht empfohlen werden. Vorsicht beim Drahten, da die holzigen Triebe sehr bruchempfindlich sind. Besser ist es, auf andere Gestaltungstechniken zurückzugreifen.

Albizia, Seidenbaum

Albizien sind tropische und subtropische Bäume oder Sträucher mit doppelt gefiederten, relativ großen Blättern und Blüten, die in gestielten, achselständigen Köpfchen oder in flaschenbürstenförmigen Ähren stehen.
Standort: Hell bis sonnig, vor praller Sonne geschützt. Im Winter möglichst nicht über 15 °C.
Feuchtigkeit: Gleichmäßig feucht halten. Ballentrockenheit bedeutet meist den Tod der Pflanzen.
Düngen: Frühjahr bis Herbst jede Woche, im Winter alle drei bis vier Wochen 0,1 %.
Umpflanzen: Erstes Einpflanzen nach drei bis fünf Jahren, Umpflanzen alle zwei bis drei Jahre. Wurzeln schonend behandeln. Erdmischung II.
Vermehren: Durch Aussaat, bevorzugt im Frühjahr.
Gestaltung: Jungpflanzen sind häufig zu stutzen, da sie sich von selbst nur gering verzweigen. Später sind die Schnittmaßnahmen im Frühjahr durchzuführen. Drahten ist möglich, doch ist es besser, auf andere Gestaltungstechniken zurückzugreifen.
Empfehlenswerte Arten: *A. julibrissin*, der Schlafbaum, hat hellrosa Blüten, die in gestielten Köpfchen an den Spitzen der oberen Triebe stehen. Im Handel sind auch Sorten erhältlich, darunter auch solche mit scharlachroten Blüten. Die Fiederblättchen sind nachts in Schlafstellung gefaltet (daher der Name Schlafbaum). *A. lophanta* ist außerordentlich starkwachsend. Die gelblichen Blüten stehen in flaschenbürstenartigen Rispen.

Arbutus unedo, 15 Jahre, 50 cm hoch.

Arbutus, Erdbeerbaum

Etwa zwölf Arten des Erdbeerbaumes sind in Nord- und Mittel-Amerika sowie im Mittelmeergebiet beheimatet. Es sind Bäume und Sträucher mit Maiglöckchen-ähnlichen Blüten und eßbaren, an Erdbeeren erinnernden Früchten. Die Gattung *Arbutus* ist als Topfpflanze im Handel.
Standort: Hell bis sonnig, im Winter nicht über 18 °C. Im Sommer ist ein Standort im Freien zu empfehlen.
Feuchtigkeit: Substrat gleichmäßig feucht halten.
Düngen: Frühjahr bis Herbst jede Woche, im Winter alle vier Wochen 0,05 %. Bei Temperaturen im Winter unter 10 °C nicht düngen.
Umpflanzen: Erstes Einpflanzen nach zwei bis drei Jahren, Umpflanzen alle zwei bis drei Jahre. Wurzelschnitt muß sich in Grenzen halten. Erdmischung II.

Vermehren: Durch Aussaat ganzjährig oder durch Stecklinge im Juni–Juli.
Gestaltung: Schon bei den ersten Schnittmaßnahmen Rücksicht auf Gestaltungsform nehmen. Später Neuaustriebe immer auf ein bis zwei Blattansätze zurücknehmen. Gestaltung durch Drahten möglichst vermeiden, da Rinde sehr empfindlich.
Empfehlenswerte Arten: *A. unedo* mit anfangs dunkelroter, später graubrauner, rissig-schuppiger Rinde. *A. andrachne* mit rotbrauner abblätternder Rinde, junge Rinde darunter rötlichgelb. *A. menziesii* mit dunkelpurpurner Rinde abblätternd, an jungen Bäumen orangefarben, glatt.

Bambusaceae, Bambus

Die Bambusgewächse sind Riesengräser mit wenigstens an der Basis verholzenden Halmen. Wird als Bonsai im Handel angeboten.
Standort: Hell, jedoch im Sommer vor zu starker Sonnenbestrahlung geschützt.
Feuchtigkeit: Der Wasserbedarf ist hoch, die Erde darf niemals austrocknen.
Düngen: Frühjahr bis Herbst jede Woche, im Winter alle zwei Wochen 0,05%.
Umpflanzen: Jährlich; man pflanzt in flache Schalen oder auf Steinplatten. Erdmischung I.

Oben: Bambus-Wald, 10 Jahre, 65 cm.

Unten: Bambusa glaucescens 'Fernleaf'.

Vermehren: Durch Teilung des Wurzelballens, einige Arten auch durch Wurzelschnittlinge. Eine mögliche, aber sehr langwierige Methode, bis eine gestaltungsfähige Gruppe entsteht, ist das Abtrennen einzelner Triebe mit einer Knospe am Wurzelansatz.
Gestaltung: Dem unbändigen Längenzuwachs des Bambus begegnet man, indem man die Sproßspitze, wenn die einzelnen Sprosse die gewünschte Höhe erreicht haben, herauszieht (zupft). Radikaler Rückschnitt im April, kurz über der Erdoberfläche, bewirkt Verjüngung.

Bauhinia, Bauhinie

Tropische Bäume und Sträucher, mit aus zwei an der Spitze des Blattstiels verwachsenen Blättchen. Sie haben große, an Orchideen erinnernde, weiße oder rote Blüten, die nur einen Tag halten.
Standort: Hell, im Sommer in den Mittagsstunden vor direkter Sonne geschützt. Die Temperatur darf nicht unter 15 °C absinken.
Feuchtigkeit: Substrat gleichmäßig feucht halten, stauende Nässe vermeiden.
Düngen: Frühjahr bis Herbst jede Woche, im Winter alle zwei bis drei Wochen 0,05%.
Umpflanzen: Erstes Einpflanzen nach drei bis fünf Jahren. Umpflanzen alle zwei Jahre. Erdmischung II.
Vermehren: Durch Aussaat ganzjährig. Vermehrung durch Stecklinge möglich.

Gestaltung: Man läßt die Pflanzen die ersten zwei bis drei Jahre ungehindert wachsen. Hat der Stamm eine gewisse Stärke erreicht, schneidet man die Pflanze bis in die Höhe zurück, in der man erste Verzweigungen haben möchte. Bauhinien treiben willig aus schlafenden Knospen. Dann beginnt die eigentliche Gestaltung. Später Neuaustriebe immer auf einen Blattansatz zurücknehmen. Drahten ist nur bei älteren, relativ stark verholzten Trieben zu empfehlen. Draht spätestens nach drei Monaten wieder entfernen.
Empfehlenswerte Arten: *B. purpurea, B. variegata, B. blankeana*.

Bougainvillea, Drillingsblume

In Südamerika beheimatete kleine Bäume und Sträucher mit leuchtend purpurvioletten, gelben, orangen, karminroten, braunroten und granatroten langhaltenden Scheinblüten. Blüte von März bis Juni, auch ganzjährig. Als Topfpflanze im Handel.
Standort: Vollsonnig, in warmen Sommern auch im Freien. Bei niedrigen Temperaturen im Winter (unter 12 °C) macht *B. glabra* von Anfang November bis Februar eine Ruhezeit durch, in der sie ihre Blätter abwirft.
Feuchtigkeit: Frühjahr bis Sommer reichlich wässern. Bei kühlem Standort im Winter vorsichtig gießen. Ballentrockenheit vermeiden.
Düngen: Frühjahr bis Sommer jede Woche, im Winter alle vier Wochen 0,05%. Bei Temperaturen unter 12 °C nicht düngen.
Umpflanzen: Erstes Einpflanzen nach drei Jahren. Umpflanzen alle zwei bis drei Jahre im Frühjahr. Wurzeln sehr brüchig, deshalb beim Umpflanzen vorsichtig vorgehen. Erdmischung II.
Vermehren: Durch gut ausgereifte Kopf- oder auch Triebstecklinge, bevorzugt von Februar bis Juni.
Gestaltung: Um sich selbsttragende Pflanzen zu erhalten, Jungpflanzen oft stutzen. Später Neuaustriebe auf ein bis zwei Blattansätze zurücknehmen. Ältere Pflanzen nach der Blütezeit kräftig zurückschneiden. Durch entsprechende Schnittmaßnahmen kann auf ein Drahten verzichtet werden. Wird gedrahtet, Draht spätestens nach drei Monaten wieder entfernen.
Besonderer Hinweis: Stoßen Bougainvilleen die Hochblätter bzw. Blütenknospen ab, so ist dies auf Kulturfehler zurückzuführen. Wenn Bougainvilleen nicht blühen wollen, kann dies an fehlender Sonne, am Nichteinhalten der Ruhezeit, dem fehlenden Rückschnitt oder einer nicht ausreichenden Nährstoffversorgung liegen.
Empfehlenswerte Arten: *B. glabra*, mit vielen Sorten. Macht im Winter eine ausgeprägte Ruhezeit durch, während der sie alles Laub abwerfen kann. Die Sorte 'Sanderiana' mit kräftig violetten Hochblättern blüht schon als Jungpflanze. Interessant ist auch 'Snow White' mit weißen Hochblättern. Liebhabern buntblättriger Pflanzen ist die Sorte 'Variegata' mit weißbunten Blättern zu empfehlen. *B. spectabilis* und Sorten verlangen Temperaturen über 10 °C und haben im Gegensatz zu *B. glabra* keine ausgeprägte Ruhezeit.

Bougainvillea glabra, 20 Jahre alt, 40 cm hoch.

Brachychiton rupestris, Australischer Flaschenbaum, Glücksbaum

Zu den Kuriositäten Australiens gehört der Flaschenbaum aus Queensland, der seit einigen Jahren unter der Bezeichnung Glücksbaum im Handel ist. Seine Blätter sind sehr variabel und können an der gleichen Pflanze einfach oder handförmig geteilt sein. Bereits die Jungpflanzen entwickeln kräftige, holzige Wurzeln, die die Pflanzen aus dem Topf heben und dadurch ein oder mehrere Stämme vortäuschen.

Standort: Als Jungpflanze stellt *Brachychiton* hohe Lichtansprüche. Als »fertige« Pflanze gedeiht sie auch noch an relativ schattigen Standorten, bei Temperaturen zwischen 10 und 20 °C.

Feuchtigkeit: *Brachychiton* wächst bei höherer Feuchtigkeit sehr schnell. Bei Trockenheit stellt die Pflanze das Wachstum praktisch ein. Das heißt,

Buxus microphylla var. sinica ist bei den Bonsailiebhabern wegen ihrer hellen, stark gefurchten, korkartigen Rinde beliebt.

durch angepaßtes Gießen kann man auf das Wachstum wesentlich Einfluß nehmen. Bei stauender Nässe entsteht leicht Wurzelfäule.
Düngen: In den Frühjahrs- und Sommermonaten wöchentlich 0,05%ig düngen. In den Herbst- und Wintermonaten ist das Düngen völlig einzustellen.
Umpflanzen: Erstes Einpflanzen nach zwei Jahren. Umpflanzen alle zwei bis drei Jahre. Tiefe Gefäße verwenden, flache Schalen sind ungeeignet. Erdmischung I verwenden, der Sandanteil ist auf Kosten des Lehmanteils zu erhöhen.
Vermehren: Durch Aussaat, bevorzugt im Frühjahr.
Gestaltung: Jungpflanzen zunächst auf eine Höhe von etwa 1 m heranwachsen lassen. Dann die Pflanze aus dem Topf nehmen und etwa 20 cm über dem Wurzelansatz abschneiden und die Wurzeln auf 20 cm einkürzen. Dann so einpflanzen, daß ein Großteil der verdickten Wurzeln über der Erde sichtbar bleibt. Später zu lang gewordene Triebe immer auf die gewünschte Höhe einkürzen.

Buxus microphylla var. sinica, Buchsbaum

Bei der Gattung *Buxus* handelt es sich um kleine Bäume oder Sträucher mit immergrünen, gegenständig sitzenden und kurzgestielten, kleinen, lederartigen Blättern. Die kleinen Blütenstände bestehen aus den weiblichen Blüten in der Mitte, umgeben von fünf bis sechs männlichen Blüten.

B. microphylla var. *sinica* (im Handel meist noch unter dem Synonym *B. harlandii*) ist in China beheimatet und wächst dort als niedriger Strauch. Die jungen Triebe sind leicht behaart, doch verkahlen sie bald. Die schmalen Blätter sind an der Spitze ausgerandet, der Rand wirkt leicht eingerollt. Die männlichen Blüten sind deutlich gestielt. Interessant ist die helle, stark gefurchte, korkartige Borke, die dem Bonsai ein urwüchsiges Aussehen gibt.
Standort: Hell bis sonnig, den Sommer über auch im Freien. Im Winter sind 10 bis 15 °C optimal.
Feuchtigkeit: Im Sommer ist reichlich, im Winter nur sporadisch zu gießen. Trockenheit führt nicht gleich zum Absterben der Pflanze.
Düngen: Von Frühjahr an, mit Beginn des Austriebs, bis Ende August wöchentlich 0,1%.

Umpflanzen: Erstes Einpflanzen nach drei Jahren. Umpflanzen alle drei bis fünf Jahre. Erdmischung II.
Vermehren: Ganzjährig durch Aussaat.
Gestaltung: Die gute Schnittverträglichkeit kommt uns bei der Bonsaigestaltung zugute. In den ersten Jahren sollte man die Pflanzen wachsen lassen, um nach etwa zwei Jahren mit der eigentlichen Gestaltung zu beginnen. Nachdem die Grundform herausgestaltet ist, ist ein ständiges Auslichten der Krone wichtig, um ein Verkahlen zu verhindern. Auf Drahten sollte man aufgrund der empfindlichen Rinde möglichst verzichten.

Calliandra tweedii trägt doppelt gefiederte Blätter, die in der Jugend seidig behaart sind.

Calliandra tweedii

C. tweedii aus Brasilien ist ein kleiner Strauch oder auch Baum mit doppelt gefiederten Blättern. Die sich überlappenden Blättchen sind in der Jugend seidig behaart. Die zwischen Februar und Herbst erscheinenden Blüten stehen achselständig in halbkugeligen Köpfchen. Besonders attraktiv wirkt *C. tweedii* durch die langen, purpurroten Staubblätter mit gelben Blütenstaubbeuteln.
Standort: Hell und warm, nicht unter 15 °C. Im Herbst und Winter gern sonnig. Den Sommer über auch im Freien.
Feuchtigkeit: Gleichmäßig feucht halten. Ballentrockenheit wie auch Staunässe nehmen die Pflanzen sehr übel. Luftfeuchtigkeit nicht unter 50%.
Düngen: Von März bis August jede Woche, im Winter alle drei Wochen mit 0,1%.
Umpflanzen: Erstes Einpflanzen nach drei bis fünf Jahren. Umpflanzen alle zwei bis drei Jahre. Wurzelballen schonend behandeln. Erdmischung II.
Vermehren: Durch Aussaat.
Gestaltung: Calliandren neigen zu sparrigem Wuchs. Jungpflanzen sind häufig zu entspitzen, um einen buschigen Wuchs zu erzielen. Später sollte man die Pflanze öfter auslichten, ohne dabei stark zurückzuschneiden.

Callistemon, Schönfaden

Die Angehörigen der in Australien verbreiteten Gattung *Callistemon* verdanken ihre Schönheit den zahlreichen Blüten, die zylinderputzerartig rings um die Zweige angeordnet sind. Als Schauapparat dienen die zahlreichen

langen, meist leuchtend roten oder gelben Staubgefäße. Interessant ist, daß der Sproß die Blüte übergipfelt und oberhalb beblättert weiterwächst. Als Topfpflanze im Handel.
Pflege- und Kulturhinweise: siehe *Myrtus* und *Leptospermum*.
Besonderer Hinweis: Für die nächstjährige Blüte, verblühte Zweige nach der Blüte zurückschneiden.
Empfehlenswerte Arten: *C. citrinus, C. macropunctatus, C. salignus, C. speciosus, C. viminalis*.

Camellia, Kamelie, Tee

Immergrüne Sträucher und Bäume mit glänzenden, ledrigen Blättern und meist großen weißen, rosafarbenen oder roten Blüten. *C. japonica* ist eine der bekanntesten traditionellen Bonsaiarten. Als Topfpflanze im Handel. Nicht weniger interessant ist *C. sinensis*, der Tee, mit kleinen weißen Blüten.
Standort: Hell, vor direkter Sonne geschützt, im Sommer auch im Freien. Im Winter Temperaturen um 8 °C (siehe auch *C. japonica*). *C. sinensis* muß bei höheren Temperaturen stehen. Im Winter bei Tageslänge unter zwölf Stunden kein Wachstum, Pflanzen machen Ruhezeit durch. Kamelien lieben hohe Luftfeuchtigkeit, Standorte über der Heizung nicht geeignet.
Feuchtigkeit: Substrat stets feucht halten, während der Überwinterung nur sparsam gießen. Kein hartes Wasser verwenden (sehr wichtig!).
Düngen: Frühjahr bis Herbst jede Woche, im Winter alle vier Wochen mit 0,05%.
Umpflanzen: Erstes Einpflanzen nach drei bis fünf Jahren. Umpflanzen alle ein bis zwei Jahre im Februar–März unter Schonung des Wurzelballens. Kamelien benötigen humoses Substrat mit einem pH-Wert von 4,5 bis 5,5. Geeignet sind Gemische aus Weißtorf, Fichtennadeln und Sand. Als fertiges Substrat auch Einheitserde geeignet.
Vermehren: Durch ausgereifte, leicht verholzte Kopf- oder Triebstecklinge von Januar bis August. Vermehrung durch Aussaat möglich.
Gestaltung: Kamelien haben eine relativ kurze Wachstumsperiode, sie beginnt im März und endet im August. Meist wird jährlich nur ein Trieb ausgebildet. Die ersten drei bis fünf Jahre dienen dem Aufbau der Pflanze. In diesem Zeitraum oft stutzen und beschneiden, bis gewünschte Grundform herausgebildet ist. Um blühfähige Pflanzen zu erhalten, später zum letzten Mal im Januar stutzen. Bei späteren Stutzterminen keine Knospenbildung. Auf die Blütenbildung hat auch die Temperatur einen großen Einfluß. Drahten ist zur Gestaltung meist notwendig. Draht im Frühjahr anlegen und spätestens im August wieder entfernen.
Empfehlenwerte Arten:
Camellia japonica, Kamelie
In ihrer Heimat Japan, Korea ein kleiner Baum, 7 bis 10 m hoch werdend. Neben der einfachblühenden Wildform gibt es im Handel eine Reihe von Sorten, meist gefülltblühend. Entschei-

Camellia japonica, 15 Jahre alt, 90 cm hoch. ▷

Casuarina equisetifolia, 12 Jahre alt, 60 cm hoch.

dend für die Anlage der Blütenknospen ist die Temperatur. Hierzu sind Temperaturen über 15 °C notwendig, am günstigsten sind 20 bis 25 °C. Sind die Blütenknospen angelegt, Ende Juli bis Anfang August, sind niedrige Temperaturen zum Ausreifen nötig. Die günstigste Temperatur liegt jetzt zwischen 5 bis 10 °C. Bei Temperaturen über 15 °C fallen die Knospen häufig ab. Der Knospenansatz läßt sich durch eine kurze Trockenperiode nach Triebabschluß Ende Juni positiv beeinflussen. Je wärmer Kamelien während der Blüte gehalten werden, desto größer ist die Gefahr, daß die Knospen bzw. Blüten abgestoßen werden.

Camellia sinensis, Tee

Wächst in seiner Heimat China (Yunnan) als ein kleiner Baum bis 10 m hoch. In Kultur als Busch gezogen höchstens 1,5 m hoch. Wer von seinem Tee-Bonsai eigenen Tee ernten möchte, sollte wissen, daß das frisch geerntete Teeblatt weder Geschmack noch Geruch besitzt. Sein Aroma entsteht erst im Laufe der Bearbeitung (Welken, Rollen, Fermentieren der Blätter). *C. sinensis* muß stets bei Temperaturen über 15 °C stehen.

Camellia sasanqua und *C. reticulata* aus Japan sind aufgrund der natürlichen Proportionen besonders gut zur Bonsaigestaltung geeignet. Blüte schon ab November. Beschaffung von Vermehrungsmaterial sehr schwierig.

Casuarina, Kasuarine

Gattung meist hoher Bäume mit etwa 45 Arten. Eine Gruppe unter ihnen fällt durch ihre schlanken, an Schachtelhalme *(Equisetum)* erinnernde Zweige auf. Die Blätter sind zu Quirlen vielzähniger Schuppen zurückgebildet, die die Verbindung der gegliederten Äste umgeben.

In ihrem Aussehen ähneln die Kasuarinen Nadelgehölzen, gehören aber zu den Laubgehölzen. Die Kasuarinen sind in den Trockengebieten Australiens beheimatet, einige Arten im Malaiischen Archipel. Heute in vielen tropischen und subtropischen Gebieten der Welt eingebürgert.

<u>Standort:</u> Vollsonnig, an schattigen Standorten werden Triebe lang und unansehnlich. Im Sommer auch im Freien. Im Winter bei Temperaturen um 18 °C.

<u>Feuchtigkeit:</u> Aufgrund der Baupläne der Blätter sind Kasuarinen sehr troc-

kenresistent. Substrat mäßig feucht halten.
Düngen: Frühjahr bis Herbst jede Woche, im Winter alle vier Wochen 0,05%.
Umpflanzen: Einpflanzen nach drei Jahren, Umpflanzen alle zwei Jahre. Erdmischung I.
Vermehren: Durch Aussaat ganzjährig. Vermehrung durch Stecklinge im Mai–Juni möglich.
Gestaltung: Kasuarinen verzweigen sich sehr gut. Da der Haupttrieb sehr starkes Längenwachstum aufweist, muß dieser frühzeitig beschnitten werden. Darauf achten, daß an der Spitze immer nur ein Seitentrieb als Sproßverlängerung stehen bleibt. Später werden Neuaustriebe gezupft wie bei Nadelgehölzen. Aufgrund ihrer natürlichen Wuchseigenschaften eignen sich Kasuarinen besonders gut zur Gestaltung der streng aufrechten Form. Auf Drahten verzichten.
Empfehlenswerte Arten: *C. equisetifolia* (Strandkasuarine), *C. stricta* mit überhängenden Zweigen, *C. torulosa* mit aufrecht stehenden Zweigen.

× **Citrofortunella microcarpa,** Calamondine

Der Gattungsbastard × *C. microcarpa* (syn. *Citrus microcarpa*, *Citrus mitis*), der wahrscheinlich aus einer Kreuzung von *Citrus reticulata* × *Fortunella margarita* entstanden ist, ist als Bonsai unter den *Citrus*-Arten am meisten verbreitet. Das besondere an dieser Pflanze ist, daß sie das ganze Jahr über blüht, und ständig Früchte in den verschiedensten Entwicklungsstadien trägt. Ihre stark duftenden weißen Blüten erscheinen in den Blattachseln der jungen Zweige.
Kultur- und Pflegehinweise siehe bei *Citrus.*

Citrus, Zitrusbäumchen, Calamondin

Die Gattung umfaßt etwa 60 Arten die in Südostasien heimisch sind. Heute sind die Obstformen in allen Weltteilen, hauptsächlich in den Subtropen verbreitet. Immergrüne kleine, rundkronige Bäume mit weißen duftenden Blüten. Einige Arten als Topfpflanzen im Handel.
Standort: Hell, möglichst sonnig, im Sommer auch im Freien. Im Winter höchstens 15 °C. Bei hoher Lufttrokkenheit (Standorte über der Heizung sind nicht geeignet!) Blattrandschädigungen, Spitzen- und Blattdürre möglich. Blattfall bei zu tiefen Temperaturen oder Zugluft.
Feuchtigkeit: Substrat mäßig feucht halten, im Winter dem Standort und der Temperatur entsprechend weniger. Ballentrockenheit auf jeden Fall vermeiden. Nässe führt rasch zur Wurzelfäule.
Düngen: Frühjahr bis Herbst jede Woche, im Winter alle vier Wochen 0,05%. Gelegentlich kommt es bei *Citrus*-Arten zu Eisenmangel-Erscheinungen. Ursache ist ein zu hoher Kalkgehalt der Erde oder zu hartes Gießwasser. Eisenmangel läßt sich durch Gießen mit Fetrilon oder einem

Citrus myrtifolia, 10 Jahre alt, 50 cm hoch.

anderen Eisendünger relativ schnell beheben.
Umpflanzen: Erstes Einpflanzen nach drei Jahren, Umpflanzen alle zwei bis drei Jahre. Gelegentlich tritt Stengelgrundfäule auf. Ursache ist zu tiefes Einpflanzen. Deshalb nie tiefer einpflanzen als die Pflanze bisher gestanden ist. Alle *Citrus*-Arten benötigen kalkarmes Substrat mit einem pH-Wert von vier bis fünf. Man verwende Erdmischung II ohne Kohlensauren Kalk.
Vermehren: Durch Aussaat, Stecklinge und durch Veredlung auf *Poncirus trifoliata*. Früchte der meisten *Citrus*-Arten wie Apfelsine, Mandarine u. a. sind samenlos. Es handelt sich hierbei um Edelsorten, die nur vegetativ vermehrt werden können.
Sind Samen vorhanden, so wachsen aus ihnen stets Wildlinge. Aussaat während des ganzen Jahres. In einzelnen Samen oft nicht nur ein, sondern oft ein halbes Dutzend Keimlinge. Vermehrung durch Stecklinge ganzjährig möglich, beste Bewurzelungsergebnisse in den Sommermonaten. Beim Stecklingsschnitt hat sich eine Methode bewährt, die von der im Abschnitt »Vermehrung« beschriebenen abweicht. Im Bereich des Knotens wird durch das ausgereifte Holz ein schräger Längsschnitt gemacht. Die Schnittfläche mit einem Bewurzelungshormon behandeln.
Gestaltung: Jungpflanzen so oft wie möglich stutzen. Erste gestalterische Maßnahmen bei guten Wachstumsbedingungen zu Beginn des zweiten Jahres. Ältere Pflanzen mit äußerster Vorsicht beschneiden, da Bäumchen, die zu stark eingekürzt werden, nicht blühen. Schnittmaßnahmen nach der Blüte durchführen. Drahten ist möglich, Draht spätestens nach drei Monaten wieder entfernen.
Empfehlenswerte Arten: *C. aurantiifolia* (Saure Limette), kleiner Baum mit kleinen Blättern, weißen Blüten und kleinen eirunden, gelbgrünen Früchten. Kann sortenecht aus Samen gezogen werden. *C. myrtifolia* (Myrtenblättrige Pomeranze) ist ein kleiner Strauch mit dicht übereinander sitzenden Blättern. Die kleinen Blüten sind weiß, geruchslos und selbstfruchtbar. Ihnen folgen gelbrote Früchte. Diese

Cneorum tricoccon, 10 Jahre alt, 50 cm hoch.

beiden Arten, wie auch *C. deliciosa* (Mandarine), *C. reticulata* (Santaro-Orange) und *C. tangerina* (Tangerine) sind aufgrund ihrer natürlichen Proportionen besonders gut geeignet. Gelegentlich findet man allerdings auch *C. aurantium* (Pomeranze), *C. limon* (Zitrone), *C. limetta* (Süße Zitrone), *C. medica* (Zitronat) und *C. sinensis* (Apfelsine) als Bonsai gestaltet.

Cneorum tricoccon

Im Mittelmeergebiet beheimateter immergrüner Strauch mit schmalen lederartigen Blättern, straff-aufrecht wachsend. Die gelben Blüten, im Mai–Juni erscheinend, sind unscheinbar. Interessant sind die rotbraunen Früchte, die lange an der Pflanze haften.
Standort: Sonnig, im Sommer auch im Freien. Im Winter bis 15 °C, an hellen Südfenstern auch höher.
Feuchtigkeit: Mäßig feucht halten.
Düngen: Frühjahr bis Herbst alle zwei Wochen, im Winter alle vier Wochen 0,05%.
Umpflanzen: Erstes Einpflanzen nach drei Jahren, Umpflanzen alle zwei bis drei Jahre im Frühjahr. Erdmischung I.
Vermehren: Durch Stecklinge oder durch Aussaat (Samen gären lassen) ganzjährig.

Coprosma × kirkii 'Variegata' als Kaskadenform. Rechts: Ophiopogon japonicus.

<u>Gestaltung:</u> In den ersten zwei Jahren sollte man durch häufiges Stutzen für ausreichende Verzweigung sorgen. Ab dem dritten Jahr kann dann mit der eigentlichen Gestaltung begonnen werden. Bei gestalteten Pflanzen sind die Neuaustriebe immer auf ein bis zwei Blattansätze zurückschneiden. Da die Blüten an den Triebspitzen erscheinen, Triebe im jährlichen Wechsel beschneiden, um Blüte und damit Fruchtbehang zu sichern. Das Drahten der Triebe ist möglich, nach etwa sechs Monaten ist der Draht wieder zu entfernen.

Coprosma, Koprosma

Zu der in Neuseeland, Tasmanien und Neuguinea heimischen Gattung zählen immergrüne Sträucher oder kleine Bäume mit dekorativen, gegenständig sitzenden Blättern. Jungpflanzen werden im Handel als Bonsai angeboten. Gelegentlich auch als Topfpflanze im Blumenhandel.
<u>Standort:</u> Vor allem die buntblättrigen Formen wollen sehr hell, aber vor praller Sonne geschützt stehen. Im Sommer auch im Freien. Hohe Temperaturen mögen sie nicht. In der

lichtarmen Zeit ist ein kühler Standort bei Temperaturen von 5 bis 10 °C zu empfehlen.
Feuchtigkeit: Stets mäßig feucht, nie naß halten.
Düngen: In den Frühjahrs- und Sommermonaten wöchentlich 0,1 %ig düngen.
Umpflanzen: Erstes Einpflanzen nach drei Jahren, Umpflanzen alle zwei bis drei Jahre im Frühjahr. Ein Wurzelrückschnitt wird gut vertragen. Erdmischung I verwenden.
Vermehren: Durch krautige Stecklinge bevorzugt im Sommer.
Gestaltung: Jungpflanzen sind häufig zu stutzen, damit sie sich gut verzweigen. Später sind die Triebe immer so weit zurückzunehmen, wie sie eben wachsen sollen.
Empfehlenswerte Arten: *C. baueri* mit lackartig glänzenden, dunkelgrünen Blättern ist die wohl bekannteste, zur Bonsaigestaltung verwendete Art. Besonders beliebt ist die Sorte 'Variegata' mit verschiedenartig gelb gefleckten Blättern. *C. ×kirkii* ist eine kleinblättrige Art, die sich besonders gut zur Gestaltung von Kaskadenformen eignet.

Corokia, Korokie

Kleine Bäume oder Sträucher von oft bizarrem Wuchs. Die hier angesprochenen Korokien haben kleine lederartige Blätter, unterseits mit weißen dichtstehenden Haaren bedeckt. Blüten sind klein, gelb, Früchte rot bis orangefarben. Als Topfpflanze im Handel.

Corokia cotoneaster (Zickzackstrauch), 6 Jahre, 25 cm.

Standort: Hell, mit Ausnahme der Morgen- und Abendstunden sowie der Wintermonate keine direkte Sonne. Im Winter Temperaturen nicht über 18 °C. Im Sommer auch im Freien.
Feuchtigkeit: Substrat gleichmäßig feucht halten, stauende Nässe unter allen Umständen vermeiden.
Düngen: Von Frühjahr bis Herbst jede Woche, im Winter nur alle vier Wochen 0,05 %.
Umpflanzen: Erstes Einpflanzen nach vier Jahren, Umpflanzen alle zwei bis drei Jahre. Erdmischung I.
Vermehren: Durch krautige bis leicht verholzte Stecklinge von April bis Juni.
Gestaltung: *C. cotoneaster*, die wichtigste Art zur Bonsaigestaltung, ist

eine langsam wachsende Pflanze. Apikaldominanz nur schwach ausgeprägt. Sie verzweigt sich von selbst sehr gut. Triebe wachsen wirr durcheinander, von horizontal bis steil aufrichtend. Um kompakte gestaltungsfähige Pflanzen zu erhalten, Neuaustriebe auf zwei Blattansätze kürzen; ebenso bei älteren gestalteten Pflanzen. Drahten erübrigt sich.
Empfehlenswerte Arten: *C. cotoneaster* (Zickzackstrauch), hat sternförmige gelbe Blüten und kleine spatelförmige Blätter. *C.* × *virgata* ähnlich wie *C. cotoneaster*, Zickzackwuchs allerdings nicht so ausgeprägt.

Cuphea hyssopifolia

Das in Mittelamerika heimische, reich verzweigte, immergrüne, dicht beblätterte Sträuchlein besitzt linealische oder lanzettliche Blätter und kleine, in den Blattachseln sitzende, rote, rosa oder weiße Blüten, die vom Sommer bis in den Herbst hinein ununterbrochen erscheinen.
Standort: Hell und sonnig, vor praller Sonne geschützt. Standorte über der Heizung sind nicht geeignet. Im Winter möglichst nicht über 15 °C.
Feuchtigkeit: Gleichmäßig feucht halten, Ballentrockenheit führt zum Absterben der Pflanze.
Düngen: Von Frühjahr bis Herbst wöchentlich, im Winter alle drei Wochen 0,1 %.
Umpflanzen: Erstes Einpflanzen nach zwei Jahren. Umpflanzen alle zwei bis drei Jahre. Wurzelballen vorsichtig auflockern. Erdmischung II.
Vermehren: Durch Aussaat oder Stecklinge.
Gestaltung: Jungpflanzen ohne Rücksicht auf die Blütenbildung mehrmals stutzen. Später sind die Triebe immer soweit zurückzuschneiden, wie es die Gestaltungsform verlangt. Dabei sollte auch ausgelichtet werden.

Cupressus, Zypresse

Diese immergrünen, aromatisch duftenden Bäume sind vom Mittelmeer bis zum Himalaya, von Oregon bis Mexiko in Nordamerika verbreitet. Die schuppenartigen Blättchen sind so dicht und sich überlappend an die Zweige angedrückt, daß man an den jüngeren Trieben nur das Blattgrün, nicht aber das Holz sieht. Von Zeit zu Zeit im Handel erhältlich.
Standort: Sonnig; bei schlechten Lichtverhältnissen sterben die Pflanzen schnell ab. Im Sommer auch im Freien. Im Winter Temperaturen nicht über 15 °C.
Feuchtigkeit: Substrat mäßig feucht halten.
Düngen: Frühjahr bis Herbst wöchentlich, im Winter bei hellem Stand alle vier Wochen 0,05 %.
Umpflanzen: Erstes Einpflanzen nach zwei Jahren, Umpflanzen alle zwei bis drei Jahre im Frühjahr. Erdmischung II.
Vermehren: Durch Aussaat. Vermehrung durch Stecklinge möglich.
Gestaltung: Zypressen sind meist dicht mit Zweigen besetzt, deshalb je nach Gestaltungsform früh mit dem Entfernen überflüssiger Triebe beginnen. Schneiden der Zweige und Äste ganz-

jährig möglich, bevorzugt im Februar–März. Ganzjährig junge Triebe an den Ästen immer wieder soweit abzupfen, daß nur ein kleiner Rest des jeweiligen Austriebs stehen bleibt. So werden die Äste von Mal zu Mal dichter. Weist der Gipfeltrieb ein starkes Längenwachstum auf, wird er entfernt und ein weiter untenstehender Seitentrieb wird zum Gipfeltrieb umfunktioniert. Draht, falls notwendig, im Februar–März anlegen und im Herbst entfernen.

Empfehlenswerte Arten: *C. arizonica* mit breit kegelförmiger, im hohen Alter breitausladender Krone und bläulich-grünen Blättern; Heimat Arizona. *C. cashmeriana*, ein kleiner, kegelförmiger Baum mit blaugrünen Blättern; Heimat Kaschmir, im Mittelmeerraum eingebürgert. *C. macrocarpa* bis 20 m hoch, breit kegelförmig, rotbraune Rinde und grüne Blätter; Heimat Kalifornien. Im Handel findet man in der Regel nur die Zierform 'Goldcrest', die im Winter auch bei Temperaturen über 15 °C gedeiht. *C. sempervirens* (»Echte Zypresse«), Krone schlank, im Alter ausgebreitet zedernähnlich; Heimat Nord-Persien und Kleinasien, in den Mittelmeerländern eingebürgert.

Dovyalis caffra, Tropische Aprikose

Dovyalis ist in Südafrika beheimatet und wächst dort als ein bis zu 5 m hoher Baum, dicht verzweigt, dornig, mit gelblichen Blüten und kleinen nach Aprikosen schmeckenden Früchten.

Dovyalis caffra (Tropische Aprikose), 10 Jahre, 45 cm. Allein durch Schnittmaßnahmen gestaltet.

Standort: Hell, Temperaturen im Winter nicht über 15 °C.

Feuchtigkeit: Substrat gleichmäßig feucht halten.

Düngen: Von Frühjahr bis Herbst jede Woche, im Winter alle vier Wochen 0,05%.

Umpflanzen: Erstes Einpflanzen nach drei Jahren, Umpflanzen alle zwei bis drei Jahre. Erdmischung II. *D. caffra* hat fleischige Wurzeln, Wurzelrückschnitt wird gut vertragen.

Vermehren: Durch krautige bis leicht verholzte Stecklinge ganzjährig.

Gestaltung: Mit der Gestaltung kann schon im Vermehrungsjahr begonnen werden. Triebe haben das Bestreben in die Richtung weiterzuwachsen, in die die jeweilige Knospe zeigt. Durch Beachtung der Knospenstellung viele

Ehretia microphylla (syn. Carmona retusa) ist ein besonders beliebter Zimmerbonsai (Besitzer: Mr. Su aus Taipei in Taiwan).

Gestaltungsformen ohne Drahten möglich. Bei gestalteten Pflanzen Neuaustriebe auf zwei Blattansätze zurücknehmen. Wird gedrahtet, Draht spätestens nach sechs Monaten wieder entfernen.

Ehretia microphylla, Fukien-Tee

Immergrüner Strauch mit steifen Zweigen, dunkelgrünen, kleinen Blättern und ganzjähriger Blüte. Oberseite der Blätter rauh mit kurzen, steifen Haaren. Traditioneller chinesischer Zimmerbonsai, im Bonsaifachhandel erhältlich.
Standort: Hell bis sonnig, im Sommer auch im Freien, in den Mittagsstunden vor direkter Sonne geschützt. Im Winter bei Temperaturen um 15 °C.
Feuchtigkeit: Substrat gleichmäßig feucht halten. Kurzfristige Trockenheit wird ohne Schaden vertragen.
Düngen: Frühjahr bis Herbst jede Woche, im Winter alle zwei Wochen 0,05 %.
Umpflanzen: Erstes Einpflanzen nach vier Jahren, Umpflanzen alle zwei Jahre. Erdmischung II.
Vermehren: Ganzjährig durch Kopfstecklinge.
Gestaltung: Durch mehrfaches Stutzen in den ersten Jahren, unter Rücksichtnahme auf den Haupttrieb, erhält man gestaltungsfähige Pflanzen. Später sind die Neuaustriebe auf ein bis zwei Blattansätze zurückzunehmen. Zuweilen zeigen Neuaustriebe starkes

Längenwachstum mit langen Internodien. Solche Triebe sind ganz zu entfernen. Aufgrund des von Natur aus steifen Wuchses kann auf Drahten nicht verzichtet werden. Mit dem Drahten sollte frühzeitig begonnen werden. Sind die Triebe verholzt, ist eine Gestaltung durch Drahten kaum noch möglich. Spätestens nach vier Monaten ist der Draht wieder zu entfernen.

Eucalyptus, Schönhaube

Immergrüne, schnellwüchsige, aber hartholzige Bäume mit über 600 Arten. Hauptsächlich in Australien beheimatet sind sie heute in allen tropischen und subtropischen Gebieten der Welt verbreitet. Viele Eucalypten zeichnen sich durch enorme Regenerationsfähigkeit aus. Aus einem verdickten Schaftteil am Fuße des Baumes treiben sie auch nach einem sehr starken Rückschnitt aus schlafenden Knospen aus. Meistens wachsen die Arten dann mehrstämmig weiter. Die volkstümlichen Namen vieler Eucalypten wie Eisenrinden-, Blau- oder Rotgummibaum, zeugen von der reizvollen Verschiedenartigkeit der Rinden einzelner Arten. Die Früchte aller Eucalyptus-Arten entstehen aus Blüten, deren Kelch und Kronblätter beim Öffnen der Knospen abfallen und einen Busch von Staubgefäßen freigeben. Einige Arten sind als Topfpflanzen im Handel erhältlich.
Standort: Hell bis sonnig, im Sommer auch im Freien. Im Winter Temperaturen bis 20 °C.
Feuchtigkeit: Substrat stets feucht halten, Ballen darf nie austrocknen.
Düngen: Frühjahr bis Herbst jede Woche, im Winter bei hellem warmem Standort alle zwei Wochen, bei kühlem Standort alle vier Wochen 0,05%.
Umpflanzen: Erstes Einpflanzen nach vier Jahren, Umpflanzen alle zwei Jahre. Erdmischung I.
Vermehren: Durch Aussaat, günstigste Aussaatzeit Januar–Februar. Stecklingsvermehrung möglich, Bewurzelung erfolgt aber erst nach Monaten.
Gestaltung: Als später große Bäume haben Eucalypten wenig Neigung buschig zu wachsen (stark ausgeprägte Apikaldominanz). Bei Gestaltung von Einzelbäumen früh mit dem Stutzen beginnen, um gestaltungsfähige Pflanzen zu erhalten. Bei Gestaltung mehrstämmiger Formen läßt man die Pflanzen bei mehrmaligem Umpflanzen etwa zwei Jahre ungehindert wachsen. Pflanze kann bei guten Wachstumsbedingungen bis zu 2 m hoch werden. Dann schneidet man kurz über der Stammverdickung zurück. Nach dem Neuaustrieb überflüssige Triebe bis auf die gewünschte Stammzahl entfernen. Später bei gestalteten Pflanzen Neuaustriebe immer auf zwei Blattansätze zurücknehmen. Die Rinde der Eucalypten ist sehr empfindlich, deshalb nur dann drahten, wenn andere Gestaltungsmöglichkeiten ausgeschöpft sind.
Empfehlenswerte Arten: *E. ficifolia* mit einer schuppigen Rinde, *E. citriodora* mit glatter, rosafarbener Rinde und nach Zitronen duftenden Blättern sowie *E. eugenioides, E. gunnii, E. pileata* und *E. polyanthemus*.

Eugenia, Kirschmyrte

Eugenia steht der Gattung *Myrtus*, sehr nahe. Tropische und subtropische immergrüne Bäume und Sträucher, mit meist gegenständigen Blättern. Kulturhinweise: Siehe *Myrtus*, allerdings vertragen Eugenien etwas höhere Temperaturen, und der Standort sollte sonnig sein. Kein hartes Gießwasser, Erde ohne Kohlensauren Kalk. Empfehlenswerte Arten: *E. myriophylla* mit dünnen, zimtbraunen, in der Jugend flaumhaarigen Zweigen und weißen Blüten. *E. uniflora* mit länglich ovalen, dunkelgrünen Blättern und dunkelroten eßbaren Früchten. *Syzygium paniculatum* (syn. *Eugenia paniculata*) ist wohl die schönste Kirschmyrte; in ihrer Heimat Australien ein bis zu 10 m hoher Baum. Jüngere Zweige und junge Blätter sind lebhaft rot gefärbt. Sie hat weiße Blüten, die im Frühjahr erscheinen, und rosarote Früchte. *E. uniflora*, die Surinam-Kirsche, ist ein in Amerika beheimateter Obstbaum. Die Früchte schmecken süß, werden roh gegessen oder zu Marmelade und Gelee verarbeitet.

Euonymus japonica, Spindelstrauch

Jungpflanzen der aus Japan, Korea und den Riukiu-Inseln stammenden *E. japonica* werden als »Bonsai« im Handel angeboten. Bei *E. japonica* handelt es sich um kleine Sträucher mit derbledrigen, oben glänzendgrünen Blättern, die in ihrer Heimat eine Höhe von 5 bis 8 m erreichen. Die Art ist sehr variabel. So gibt es groß- und kleinblättrige Formen (z. B. 'Microphyllus') sowie Sorten mit verschiedenartig gelb oder weiß gezeichneten Blättern (z. B. 'Aureovariegatus').
Standort: Hell, gedeiht aber auch an schattigen Standorten recht gut. Im Sommer am besten im Freien. Im Winter kühl, wobei die Temperatur auch auf 5 bis 10 °C fallen darf. Buntlaubige Sorten nicht unter 20 °C.
Feuchtigkeit: Stets sparsam gießen; Ballentrockenheit aber vermeiden.
Düngen: Von Frühjahr bis Herbst wöchentlich 0,05%.
Umpflanzen: Erstes Einpflanzen nach drei Jahren, Umpflanzen alle zwei bis drei Jahre in Erdmischung II.
Vermehren: Durch Stecklinge ganzjährig.
Gestaltung: Junge Pflanzen häufig stutzen, um gestaltungsfähige Pflanzen zu erhalten. Dabei sind die reichlich erscheinenden Bodentriebe, soweit sie die Gestaltungsform beeinträchtigen, frühzeitig zu entfernen. Später sind Neuaustriebe immer so weit zurückzunehmen, wie sie eben wachsen sollen. Ältere Pflanzen können zur Verjüngung kräftig zurückgeschnitten werden.

Ficus, Gummibaum, Feige

Die Gattung *Ficus* umfaßt zahlreiche Arten, die hauptsächlich in den Tropen beheimatet sind. Angaben über die Zahl der Arten schwankt zwischen 1000 und 2000. Es sind Bäume bis

Eugenia uniflora (Surinamkirsche), 10 Jahre, 45 cm. In einer Baumform gestaltet, die durch die Stammführung wirkt.

45 m hoch, oft eine breite flache Krone bildend. Gewöhnlich sind die Blätter wechselständig angeordnet, gelegentlich auch gegenständig. Die Blattgröße variiert von 2 bis 50 cm Länge. Die Blattspitzen sind oft zu einer sogenannten Träufelspitze ausgezogen, an der bei Regenfällen das Wasser abstropft. Die Früchte ähneln in der Regel der Eßfeige. Die Färbung der Frucht kann grün, grüngelb, rot, rotviolett oder dunkelviolett sein. Die Größe schwankt von wenigen Millimetern bis zu mehreren Zentimetern.

Die aufgeführten *Ficus*-Arten sind ideale Zimmerbonsai. Der Pflegeaufwand und die Kulturansprüche sind relativ gering. Schnittmaßnahmen auch ins alte Holz werden gut vertragen. Einige der aufgeführten Arten sind als Bonsai im Handel, die meisten Arten im Blumenhandel als Topfpflanze.

Standort: Hell bis sonnig, im Sommer in den Mittagsstunden von direkter Sonne geschützt. Temperaturen zwischen 15 und 25 °C. Auch ein Standort im Zimmer über längere Zeit übersteht der Bonsai. Im Sommer bei Temperaturen über 15 °C auch im Freien.

Feuchtigkeit: Substrat mäßig feucht halten, doch darf der Wurzelballen nicht austrocknen. Blattverluste haben häufig ihre Ursache in Wurzelschäden durch zu reichliches Gießen.

Düngen: Frühjahr bis Herbst jede Woche, im Winter alle zwei bis vier Wochen 0,05%.

Umpflanzen: Erstes Einpflanzen nach drei Jahren, Umtopfen alle zwei Jahre. Wurzelschnitt wird sehr gut vertragen. Erdmischung II.

Vermehren: Durch Stecklinge ganzjährig. Vermehrung durch Aussaat ist möglich, frisches Saatgut von einigen Arten nur schwer zu beschaffen.

Gestaltung: Zunächst Jungpflanze ungestört wachsen lassen und im zweiten Jahr mit der Gestaltung beginnen. Auch bei Gestaltung der Besenform im zweiten Jahr auf die gewünschte Stammhöhe zurückschneiden. Bei sehr schwachen Stecklingen kann es notwendig sein, den Haupttrieb an einen Stab anzubinden. Später Neuaustriebe immer auf ein bis zwei Blattansätze zurückschneiden. Stamm und Äste dürfen nur kurzfristig gedrahtet werden. Bei guten Wachstumsbedingungen muß der Draht oft schon nach zwei Monaten wieder entfernt werden.

Empfehlenswerte Arten: *F. benjamina*, die Birkenfeige, ist eine kleinblättrige, sich stark verzweigende Art. Bereits die jungen Zweige hängen über; sie sind grün, später grau-braun, sich schuppend. Das junge Laub ist hellgrün und etwas gewellt. Die älteren Blätter sind grün, glatt, oval mit einer kurzen Nase. Sie sind schwach glänzend bis matt, bis 12 cm lang und 3 bis 5 cm breit. In der Nähe der Blattränder befinden sich gelbe Kristallzellen.

Von *F. benjamina*, die aufgrund ihres Aufbaus und insbesondere der Blattgröße, besonders gut als Bonsai geeignet ist, gibt es eine Reihe von

Ficus benjamina 'Elfi', 15 Jahre alt, 60 cm hoch. Besonders attraktiv ist die helle Rinde mit schönen Lentizellen.

Ficus buxifolia (Buxbaumblättriger Gummibaum), 17 Jahre, 40 cm. Aus einem Steckling gezogen.

Sorten. Die wichtigsten für die Bonsaigestaltung sind:

Die Sorte 'Elfi' ist ein Findling aus Sämlingen von *F. benjamina.* Eine kleinblättrige, relativ aufrecht wachsende Form, mit heller Rinde und schönen Lentizellen.

'Exotica'. Wie *F. benjamina*, aber mit stark glänzenden, etwas gewellten Blätter. Die jungen Zweige sind braun, ebenso die Hauptnerven der jungen Blätter; die jungen Stiele sind schwach braun getönt.

'De Gantel' verzweigt sich besonders stark. Interessant ist diese Sorte vor allem wegen der Blattfarbe, mit wechselnden Anteilen von Dunkelgrün, Creme und Graugrün. Das Verhältnis Creme zu Dunkelgrün beträgt zwischen 5 : 95% bis 50 : 50%. Es gibt auch völlig cremefarbige Exemplare und solche mit graugrünen sehr variablen Flecken. Die weiße Blattfarbe konzentriert sich entlang der Blattränder, mit Ausläufern zur Blattmitte hin.

'Jennifer' ist eine buschige Sorte mit horizontal abstehenden oder etwas abgesenkten Zweigen. Die Blätter sind länglich rund, stark glänzend mit plötzlich zugespitztem Ende und welligen Rändern. Das Laub ist nahezu völlig graugrün, nur manchmal treten ein oder mehrere dunkelgrüne Flecken auf, oft entlang der Seitennerven. Der Hauptnerv ist gelb.

'Natasja' ('Natascha') ist eine im Gewebelabor entstandene Auslese. Es ist eine von Natur aus langsam wachsende, sehr buschige, sich pyramidal entwickelnde, grünblättrige Form. Im Handel häufig als mehrstämmiger Bonsai angeboten.

'Reginald' ist ähnlich wie 'Exotica'. Blatt stark glänzend, gelbgrün, vom Hauptnerv aus unregelmäßig dunkelgrün gemustert mit hellem Blattrand. Das ältere Laub ist dunkler.

'Starlight' ist eine bunte, kleinblättrige Auslese. Die jungen Blätter sind zunächst bräunlich und färben sich dann grün und hellgrau. Die ausgewachsenen Blätter haben unterschiedlich große elfenbeinweiße Verfärbungen entlang der Blattränder bis hin zu vollkommen weißem Laub.

'Golden King' ist leicht mit 'Starlight' zu verwechseln. Die Blätter sind grün und etwas graugrün gefleckt und haben entlang der Blattränder elfenbeinweiße Panaschierungen mit Ausläufern bis zur Blattmitte.

'Mini Gold' ist eine buntblättrige Sorte mit sehr kleinen Blättern und daher als Bonsai besonders geeignet. Junge Blätter sind zweifarbig, grasgrün und hellgrün, ausgewachsen überwiegend graugrün mit einigen grauen Flecken und elfenbeinweißen, von den Blatträndern ausgehenden Panaschierungen.

'Mini Star' ist vergleichbar mit 'Mini Gold' hat aber noch kleineres Laub und wesentlich unregelmäßigere, größere elfenbeinweiße Blattpartien bis hin zu nahezu ausschließlich weißem Laub.

'Wintergreen' ist wie 'Exotica', hat jedoch stärker gewelltes Laub.

'Crespada' ist bei verschiedenen Bonsailiebhaber aufgrund der gedrehten Zweige besonders beliebt. Sonst ähnelt sie 'Exotica'.

F. buxifolia, der Buchsbaumblättige Feigenbaum, besitzt buchsbaumblättrige Blätter. Der Wuchs der jungen Zweige ist stark hängend.

F. carica, die Eßfeige, bildet natürlicherweise relativ große Blätter aus, ist aber auch zur Bonsaigestaltung geeignet.

F. deltoidea, die Mistelfeige, sieht man leider nicht so häufig als Bonsai im Handel. Eine kleinblättrige, stark verzweigte Pflanze mit umgekehrt dreieckigen (selten ovalen), stumpf grünen, ledrigen Blättern. Sie entwickelt schon im Jugendstadium langgestielte Früchte, die zunächst grün sind und später orange ausreifen. Es gibt zwei buntblättrige Kulturformen: 'Variegata' mit unregelmäßig elfenbeinweißen Streifen oder Flecken und 'Mme de Pandelaere' mit vielen oval geformten Blättern, bei denen die Fläche zwischen den Adern größtenteils hellgraugrün gefärbt ist.

F. microcarpa (im Handel auch unter den Synonymen *F. nitida* und *F. panda*), die Lorbeerfeige, hat derb ledrige Blätter, mit einer kurzen, stumpfen Spitze und eine stumpfe oder keulenförmige Basis.

F. pumila, die Kletterfeige, ist ebenfalls zur Bonsaigestaltung geeignet.

F. palmeri ist eine besonders interessante, in Mexiko heimische Gummibaum-Art. Die stark verdickte Stammbasis, mehr oder minder birnenförmig, ist grauweiß getönt. Die herzförmigen, kurzgestielten Blätter sind wie auch die Stiele mit kurzen, abstehenden weißen Haaren besetzt. Die Blattoberseiten sind schwach glänzend grün bis dunkelgrün, wovon sich die Adern gelbgrün abheben.

F. religiosa hat dünne, relativ lang gestielte Blätter, mit einer auffallend langen, schwanzförmiger Spitze.

F. subulata (syn. *F. salicifolia, F. sikkimensis, F. neriifolia regularis*), der Weidenblättrige Gummibaum, hat lanzettförmige, spitz zulaufende Blätter. Zu beachten ist bei dieser Art, daß die Pflanzen bei Temperaturen unter 15 °C, bei Zugluft, bei stauender Nässe oder Trockenheit die Blätter abwerfen.

Fortunella, Kumquat, Kleine Goldorange

Bei der Gattung *Fortunella* handelt es sich um kleine, stark verzweigte Büsche mit dunkelgrünem, glänzendem Laub, die selten mehr als 2 m hoch werden. Aus den Blüten entwickeln sich nach der Befruchtung mit eigenem Blütenstaub orangefarbene Früchte. In China kommt Fortunella in den Provinzen Chekiag und Fukien vor. Dort wird sie »Chu-Tus«, »Chantu« oder »Kinkan« genannt. Die indische Bezeichnung »Kumquat« bedeutet »Kleine Goldorange«. Heute werden *Fortunella*-Arten vor allem wegen ihres dekorativen Aussehens als Topfpflanze und als Bonsai kultiviert, doch werden auch die Früchte zu Konserven, Marmeladen und kandierter Konfitüre verarbeitet.

Standort: Ihrer Herkunft gemäß benötigen die Pflanzen einen kühlen Standort. Von Mitte Mai (nach den Eisheiligen) bis Ende September ist ein sonniger Platz im Freien ideal. Im Winter möglichst nicht über 10 °C.

Feuchtigkeit: Auf gleichmäßige Ballenfeuchtigkeit ist zu achten. Sehr empfindlich gegen stauende Nässe. Im Winter nur soviel Feuchtigkeit zuführen, daß die Wurzeln keinen Schaden nehmen.

Düngen: Reichlich düngen. In der Wachstumszeit wöchentlich 0,2%. Ab Ende August ist das Düngen einzustellen, damit das Holz ausreifen kann.

Vermehren: Durch Aussaat oder durch Stecklinge.

Umpflanzen und Gestaltung: Siehe *Citrus*.

Empfehlenswerte Arten: *F. hindsii*, Wilder Kumquat; *F. japonica*, Runder Kumquat; in Japan als Bonsai weitverbreitet; *F. margarita*, Kumquat.

Fraxinus griffithii (syn. F. formosana)

Die in den wärmeren Teilen Chinas bis zu den Philippinen verbreitete Eschenart wächst in ihrer Heimat als kleiner Baum mit kugelförmiger Krone. Die

Blätter sind aus drei bis sieben elliptisch-länglichen, derb ledrigen Fiederblättchen zusammengesetzt. Sie sind hellgrün und glänzen hübsch.
Standort: Hell, vor praller Sonne im Sommer geschützt. Im Winter möglichst sonnig. Im Winter sollten die Temperaturen 10 °C nicht übersteigen.
Feuchtigkeit: Gleichmäßig feucht halten. Zum Austrieb im Frühjahr nur sparsam gießen, dadurch läßt sich die Blattgröße merklich beeinflussen.
Düngen: Mit Beginn des Austriebs im Frühjahr bis Ende August wöchentlich 0,1%.
Umpflanzen: Erstes Einpflanzen nach drei bis vier Jahren. Umtopfen alle drei Jahre. Erdmischung II.
Vermehren: Durch Aussaat. Samen ist allerdings nur selten im Handel erhältlich.
Gestaltung: Jungpflanzen müssen häufig beschnitten werden, damit man gestaltungsfähige Pflanzen erhält. Später die Triebe immer soweit zurückschneiden, wie es die Gestaltungsform verlangt. Ein starker Rückschnitt ins alte Holz kann nicht empfohlen werden.

Fuchsia, Fuchsie

Jeder kennt die Fuchsie mit ihren glokkenförmigen Blüten als beliebte Pflanze für Balkonkästen, Garten und nicht zuletzt für das Zimmer. Einige der Arten und Sorten sind auch zur Bonsaigestaltung geeignet. Einige besonders kleinblättrige Wildformen eignen sich vorzüglich als Miniaturbonsai. In ihrer Heimat überwiegend Sträucher, selten kleine Bäume. Als Topfpflanze im Handel.
Standort: Gemäß ihrem heimatlichen Standort – sie wachsen in relativ kühlen, feuchten Gebirgswäldern im Schatten von Bäumen – benötigen Fuchsien einen kühlen (im Winter bis 15 °C), vor direkter Sonne geschützten Standort.
Feuchtigkeit: In der Hauptwachstumszeit (Frühjahr–Sommer) reichlich gießen. Stauende Nässe und Trockenheit im Wurzelbereich kann die Ursache für ein Abfallen von Blüten und Blättern sein.
Düngen: Frühjahr bis Herbst jede Woche, im Winter alle vier Wochen 0,05%. Relativ hoher Nährstoffbedarf, die Salzverträglichkeit ist aber begrenzt.
Umpflanzen: Erstes Einpflanzen nach drei Jahren, Umpflanzen alle zwei bis drei Jahre. Erdmischung I.
Vermehren: Durch Stecklinge von Mai bis September.
Gestaltung: Zunächst durch ständiges weiches Stutzen (Pinzieren) die Pflanze zur Verzweigung bringen. Im zweiten und dritten Jahr mit der eigentlichen Gestaltung beginnen. Später den Neuaustrieb auf zwei Blattansätze zurücknehmen. Da Fuchsien überwiegend achselständig blühen, ist ein Entspitzen der Triebe auch während der Blüte möglich, ohne daß diese wesentlich beeinträchtigt wird. Drahten kann nur empfohlen werden, wenn andere Gestaltungsmaßnahmen nicht weiterhelfen.
Empfehlenswerte Arten: *F. thymifolia*, *F. lycioides*, *F. magellanica* 'Gracilis',

Gardenia jasminoides. Besonders geschätzt werden Gardenien wegen ihrer weißen, angenehm duftenden Blüten.

F. minimiflora, F. minutiflora. Von der Vielzahl der im Handel angebotenen Fuchsien-Hybriden sind besonders alle kleinblättrigen und kleinblütigen Sorten geeignet, z. B. 'Miniroos', 'Tom Thumb' und 'Lady Thumb', 'Countess of Aberdeen' und 'Daphne Arleen'. Einige Sorten eignen sich aufgrund ihres natürlichen Wachstums gut zur Gestaltung von Kaskadenformen.

Gardenia jasminoides, Gardenie

In ihrer Heimat (China) ist sie ein immergrüner, kleiner Strauch. Die Wildform ist kaum erhältlich, im Handel sind überwiegend Sorten mit gefüllten, weißen kamelienähnlichen Blüten, die sich durch außerordentlich starken Duft auszeichnen. Blüten erscheinen das ganze Jahr über, die Hauptblütezeit ist von Juni bis September. Als Bonsai und als Topfpflanze im Fachhandel.

Standort: Hell bis sonnig. Im Winter Temperaturen von 16 bis 18 °C günstig. In dieser Zeit erfolgt die Anlage der Blüten. Höhere Temperaturen fördern zwar das Triebwachstum, hemmen aber das Knospenwachstum und können zum Abstoßen der Knospen führen. An sonnigen Tagen kann während dieser Zeit die Temperatur auf 20 bis 25 °C ansteigen. Temperaturen unter 14 °C führen zu Chloroseerscheinungen (Vergilben der Blätter).

Feuchtigkeit: Substrat mäßig feucht halten, im Winter etwas trockener. Häufig festzustellende chlorotische Verfärbungen treten insbesondere dann auf, wenn die Erde zu naß und damit auch zu kalt ist (Verdunstungskälte). Kein hartes Gießwasser verwenden.

Düngen: Frühjahr bis Herbst jede Woche, im Herbst alle vier Wochen 0,05%.

Umpflanzen: Erstes Einplanzen nach drei Jahren, Umpflanzen alle zwei Jahre. Erdmischung II ohne Kohlensauren Kalk.

Vermehren: Durch Stecklinge von Juli bis September und von Januar bis April. Man verwendet kräftige, ausgereifte, jedoch noch nicht verhärtete Triebe.

Gestaltung: Jungpflanzen so oft wie möglich auf zwei bis drei Blattansätze stutzen. Ab dem zweiten Jahr mit der eigentlichen Gestaltung beginnen. Später muß das letzte Stutzen bis Ende August erfolgen, damit bis zum Spätherbst blühfähige Triebe gebildet werden. Gardenien lassen sich gut durch Drahten gestalten. Draht spätestens nach drei Monaten wieder entfernen.

Hibiscus, Roseneibisch

Der Roseneibisch ist einer von 250 Vertretern dieser Gattung. Er zählt zu den prachtvollsten Ziersträuchern der Tropen. Die Blüten erscheinen ganzjährig. Hauptblütezeit sind die Sommermonate. Die Einzelblüte hält im allgemeinen nur einen Tag. Als Topfpflanze im Handel.
Standort: Sonnig, kein schattiger Standort. Gutes Wachstum bei Temperaturen um 20 °C. Unter 15 °C sollte die Temperatur nicht absinken.
Feuchtigkeit: Reichlich gießen, Austrocknen des Substrats hat Knospen- und Blattfall zur Folge.
Düngen: Frühjahr bis Herbst jede Woche, im Winter alle zwei Wochen 0,1%.
Umpflanzen: Erstes Einpflanzen nach drei Jahren, Umpflanzen alle zwei bis drei Jahre. Erdmischung II.
Vermehren: Durch Stecklinge ganzjährig.
Gestaltung: Im Jugendstadium bringt man die Pflanzen durch häufiges Stutzen zur Verzweigung. Da der Roseneibisch von Natur aus sehr sparrig wächst, frühzeitig mit der Gestaltung beginnen. Im gestalteten Zustand

Hibiscus rosa-sinesis, 5 Jahre alt, 40 cm hoch.

Neuaustriebe auf ein bis zwei Blattansätze zurücknehmen. Da die Blüten achselständig bei den oberen Blättern der jungen Triebe erscheinen, muß ein Teil der jungen Triebe an der Pflanze belassen werden, um eine Blüte möglich zu machen. Drahten ist meist notwendig, spätestens nach vier Monaten Draht wieder entfernen.
Empfehlenswerte Arten: *H. rosa-sinensis*, beheimatet wahrscheinlich in China. Gärtner bieten Sorten mit roten, weißen, gelben oder orangefarbenen, einfachen oder gefüllten Blüten und unterschiedlich geformten Blättern an. *H. schizopetalus* (Zerschlitzter Roseneibisch), in Ostafrika beheimatet, wird leider selten ange-

boten. Die hellroten Blüten fallen durch ihre in zarten Fransen aufgelöste Form auf. Der in Japan und China heimische gelbblühende Lindeneibisch *H. tiliaceus* ('Majagua') wird dort zum Bonsai gestaltet.

Holarrhena pubescens (syn. H. antidysenteria), Osterbaum, Elfenbeinbaum, Jasminbaum

Der im asiatischen Raum verbreitete Osterbaum (Blütezeit in der Regel März bis Mai) ist ein großer Strauch oder kleiner Baum, mit spitz zulaufenden Blättern. Die weißen, angenehm duftenden Blüten erscheinen endständig in lockeren Büscheln an den wachsenden Trieben. Von der Art gibt es einige Varietäten, die zu verschiedenen Zeiten blühen und sich in Gestalt, Laub, Blüte und Blütezeit unterscheiden.

Standort: Hell, vor direkter Sonne geschützt. Im Winter möglichst nicht unter 15 °C.

Feuchtigkeit: Erde gleichmäßig feucht halten. Nässe unbedingt vermeiden.

Düngen: Der Nährstoffbedarf ist im Vergleich zu den anderer Pflanzenarten relativ hoch. Von März bis Ende September wöchentlich, die übrige Zeit alle drei bis vier Wochen 0,2%.

Oben: Hibiscus schizopetalus (Zerschlitzter Roseneibisch), 10 Jahre, 30 cm.
Unten: Holarrhena pubescens, 15 Jahre alt, 40 cm hoch.

Umpflanzen: Erstes Einpflanzen nach drei Jahren. Umpflanzen alle drei bis vier Jahre. Erdmischung I.
Vermehren: Ganzjährig durch Stecklinge.
Gestaltung: Wuchs von Natur aus sehr sparrig. Durch häufiges Stutzen erzielt man nach zwei bis drei Jahren gestaltungsfähige Pflanzen. Um die Blüte im Frühjahr zu sichern, darf man gestaltete Pflanzen ab Ende September bis nach der Blüte nicht schneiden. Drahten ist möglich.

Ixora stricta hat kleine, bonsaigerechte Blätter und attraktive Blüten (Besitzerin: Mrs. Sue Aziz aus Jakarta, Indonesien).

Ixora stricta

Etwa 400 Arten meist kleiner Sträucher oder Bäumchen, die in den Tropen aller Erdteile verbreitet sind. Zur Bonsaigestaltung interessant ist *I. stricta*. Sie hat kleine, längliche, gegenständig sitzende ledrige Blätter und dunkelorange Blüten, die in endständigen Doldentrauben angeordnet sind. Die als Topfpflanze angebotene *Ixora coccinea* bzw. *Ixora*-Hybriden bilden sehr große Blätter aus und sind zur Gestaltung weniger geeignet.
Standort: Sonnig, in den Mittagsstunden vor direkter Sonne geschützt, bei Temperaturen um 20 °C. Im Winter genügen auch 16 °C. Die Bodentemperatur darf nicht unter die Lufttemperatur absinken. Lufttrockene Räume (die Luftfeuchte sollte nicht unter 50% absinken) und starker Temperaturabfall sind Gift für die Pflanzen.
Feuchtigkeit: Substrat gleichmäßig feucht halten. Blattfall und Blütenfall treten insbesondere dann auf, wenn die Erde zu naß und damit zu kalt ist.
Düngen: Von Frühjahr bis Herbst wöchentlich 0,1%, im Winter nur sporadisch.
Umpflanzen: Erstes Einpflanzen nach zwei Jahren. Umpflanzen alle zwei bis drei Jahre entweder vor der Blüte im Frühjahr oder nach der Blüte im Spätsommer. Erdmischung II verwenden. Die Wurzeln sind schonend zu behandeln, den Kernballen unversehrt lassen.
Vermehren: Durch Kopfstecklinge bei hohen Bodentemperaturen.
Gestaltung: Siehe *Gardenia*.

Jacaranda mimosifolia, Palisanderbaum, Jacarande

In seiner Heimat Argentinien wird der Baum bis zu 50 m hoch. Er trägt etwa 45 cm lange, farnartig feingegliederte Blätter und blaue Blüten in lockeren, bis zu 20 cm langen Rispen. Heute in vielen tropischen und subtropischen Gebieten, auch im Mittelmeerraum, angepflanzt. Als Topfpflanze im Handel.
Standort: Hell, Temperaturen nicht unter 15 °C. Triebe wachsen sehr stark zum Licht, deshalb sind die Pflanzen von Zeit zu Zeit zu drehen. Standort über der Heizung nicht zu empfehlen. Im Winter kann es infolge der geringen Lichtintensität zum Abwerfen sämtlicher Fiederblätter kommen. Entlaubte Pflanzen treiben im Frühjahr willig wieder durch.
Feuchtigkeit: Substrat gleichmäßig feucht halten. Schon bei kurzfristiger Trockenheit Abwerfen sämtlicher Fiederblätter. Treibt willig wieder durch, wenn die Trockenheit nicht länger anhält.
Düngen: Frühjahr bis Herbst jede Woche, im Winter alle zwei Wochen 0,05%.
Umpflanzen: Erstes Einpflanzen nach zwei bis drei Jahren, Umpflanzen alle zwei Jahre. Erdmischung II.
Vermehren: Durch Aussaat.
Gestaltung: Jacaranden haben ein rasches Wachstum. Man läßt sie im ersten Jahr ungestört wachsen. Im Frühjahr des zweiten Jahres Haupttrieb bis auf 10 cm zurückschneiden. Nach erfolgtem Neuaustrieb mehrmals hintereinander stutzen. Man erhält eine mäßig verzweigte Pflanze, die sich gut zur Gestaltung eignet. Probleme kann es mit der Größe der Blätter geben. Zu lange Blätter deshalb abschneiden, sich neubildende Blätter fallen wesentlich kleiner aus. Drahten der Triebe ist möglich. Draht spätestens nach drei Monaten wieder entfernen.

Jacobinia pauciflora, Jacobinie, Libonie

Die Jacobinie (Heimat Brasilien) hat kleine, länglich-elliptische Blätter. Die röhrenförmigen Blüten sind zu drei Viertel rot und zur Hälfte orangegelb. Blütezeit von Dezember bis April. Als Topfpflanze im Handel.
Standort: Hell bis sonnig bei Temperaturen um 18 °C. Reicher Blütenansatz ist nur zu erwarten, wenn die Pflanzen im Herbst für mehrere Wochen kühl, bei Temperaturen um 10 °C, stehen. Höhere Temperaturen stoppen die Blütenbildung, danach dürfen sie wieder steigen. Im Sommer ist ein Standort im Freien zu empfehlen.
Feuchtigkeit: Substrat gleichmäßig feucht halten. Trocknet der Ballen auch nur kurzfristig aus oder wird die Pflanze zu naß gehalten, wirft sie sämtliche Blätter ab. Die Pflanze ist dann meist nicht mehr zu retten.
Düngen: Frühjahr bis Herbst jede Woche, im Winter alle zwei bis vier Wochen 0,05%.
Umpflanzen: Erstes Einpflanzen bei Miniaturbonsai nach zwei bis drei Jahren, bei größeren nach fünf Jahren. Umpflanzen jedes Jahr.

Vermehren: Durch Stecklinge von März bis Juli.
Gestaltung: Den Haupttrieb bei Jungpflanzen etwa zwei Jahre lang mit einem Stab stützen, da die Triebe nur sehr langsam verholzen. Bei Pflanzen, die blühen sollen, müssen die Schnittmaßnahmen Ende Juli abgeschlossen sein. Drahten der Triebe kann nicht empfohlen werden. Jacobinien eignen sich besonders gut zur Gestaltung von Mehrfachstammformen.

Jacobinia pauciflora, Mehrfachstamm, 10 Jahre alt, 40 cm hoch.

Lafoensia punicifolia

Das Verbreitungsgebiet von *L. punicifolia* erstreckt sich von Brasilien bis Mexiko. Der hübsche, immergrüne Baum trägt kreppmyrtenartig gekräuselte Blüten, wie sie ebenso für die Gattung *Lagerstroemia* typisch sind.
Gestaltungs- und Pflegehinweise siehe *Lagerstroemia.*

Lagerstroemia, Kreppmyrte

Von den rund 30 Arten dieser Gattung eignet sich insbesondere *L. indica* zur Bonsaigestaltung. Die Art ist ein kleiner 6 bis 8 m hoher Baum mit glatter, grauer Borke. Sie hat prachtvolle, violett-rosafarbene Blüten. Die gekräuselten Blütenblätter brachten ihr den Namen Kreppmyrte ein. Eine ebenso schöne Art ist *L. speciosa*, die allerdings etwas höhere Temperaturansprüche hat. *L. indica* ist in Japan, Korea, China und Nordostaustralien beheimatet, wird heute aber in den Tropen und Subtropen der ganzen Welt angebaut. *L. speciosa* ist in Süd-China und Ost-Indien beheimatet. Gelegentlich werden Lagerstroemien im Bonsaifachhandel angeboten.
Standort: Hell bis sonnig, im Sommer in den Mittagsstunden vor direkter Sonne geschützt. *L. indica* genügen im Winter Temperaturen um 8 °C, *L. speciosa* muß wärmer stehen.
Feuchtigkeit: Im Sommer reichlich wässern, im Winter Substrat mäßig feucht halten. *L. indica* ist gegen Ballentrockenheit besonders empfindlich.
Düngen: Frühjahr bis Herbst alle zwei Wochen, im Winter bei hellem warmen Standort alle zwei bis vier Wochen 0,05%.
Umpflanzen: Erstes Einpflanzen nach drei Jahren, Umpflanzen alle drei bis vier Jahre im Frühjahr. Erdmischung II.
Vermehren: Durch krautige Stecklinge oder Aussaat im Frühjahr.

Leptospermum scoparium, 3 Jahre alt, 25 cm hoch.

Gestaltung: Jungpflanzen in den ersten beiden Kulturjahren häufig stutzen, um gestaltungsfähige Pflanzen zu erhalten. Bei älteren gestalteten Pflanzen, die blühen sollen, wird der Schnitt im zeitigen Frühjahr durchgeführt. Auch ein starker Rückschnitt wird gut vertragen. Lagerstroemien blühen am einjährigen Holz.
Empfehlenswerte Arten: *L. speciosa* und *L. indica*. Von beiden Arten gibt es eine Reihe von Sorten. In Japan entstanden niedrigbleibende Sorten, die nur sporadisch auf den mitteleuropäischen Markt kommen.

Leptospermum scoparium, Leptospermum

Die Gattung umfaßt etwa 30 Arten. Für die Bonsaigestaltung interessant ist *L. scoparium*. In der Heimat Australien ein kleiner immergrüner Baum, feinverzweigt, mit kleinen wechselständigen Blättern und einzeln in den Blattachseln sitzenden weißen Blüten. Hauptblütezeit ist das zeitige Frühjahr. Im Handel als Topfpflanze mit roten, rosafarbenen, rosaroten oder karminroten Blüten, einfach oder gefüllt blühend.
Standort: Hell bis sonnig, im Sommer auch im Freien. Im Winter Temperaturen um 15 °C. Standort über der Heizung nicht zu empfehlen.
Feuchtigkeit: Substrat mäßig feucht halten, Leptospermen sind gegen Ballentrockenheit sehr empfindlich. Kein hartes Gießwasser verwenden.
Düngen: Frühjahr bis Herbst jede Woche 0,05 %.
Umpflanzen: Erstes Einpflanzen frühestens nach drei Jahren. Umpflanzen alle zwei bis drei Jahre im Frühjahr nach der Blüte. Erdmischung I ohne Kohlensauren Kalk. Leptospermen sind gegen hohen Kalkgehalt in der Erde sehr empfindlich.
Vermehren: Durch krautige Stecklinge im März–Mai oder ausgereifte, leicht verholzte Stecklinge im August. Vermehrung durch Aussaat möglich.
Gestaltung: Um möglichst buschige Pflanzen als gutes Ausgangsmaterial zur Gestaltung zu erhalten, Jungpflanzen häufig entspitzen. Später werden Leptospermen nach der Blüte be-

schnitten. Drahten nur bei zwei- bis dreijährigen Trieben zu empfehlen. Spätestens nach vier Monaten Draht wieder entfernen.

Ligustrum japonicum, Liguster

Dieser in Japan und Korea heimische, immergrüne Liguster zeichnet sich durch eine besonders schöne Rinde aus, die dicht mit Lentizellen bedeckt ist. Rand und Mittelrippe der Blätter sind oft gerötet. Die weißen Blüten sitzen in relativ langen, pyramidalen Rispen. 'Variegatum' hat weißbunt gerandete und gefleckte Blätter.
Standort: Hell, vor praller Sonne geschützt, im Sommer am besten im Freien. Im Winter möglichst um 15 °C.
Feuchtigkeit: An heißen Tagen im Sommer reichlich, im Winter nur sparsam gießen.
Düngen: Von Frühjahr bis Ende September wöchentlich 0,1 %.
Umpflanzen: Erstes Einpflanzen nach zwei Jahren. Umtopfen alle drei bis fünf Jahre. Wurzelrückschnitt wird gut vertragen. Erdmischung II.
Vermehren: Durch Stecklinge.
Gestaltung: Alle Liguster sind bekanntlich sehr schnittverträglich; dies gilt auch für *L. japonicum*. Jungpflanzen die ersten zwei Jahre mehrmals stutzen, um gestaltungsfähige Pflanzen zu erhalten. Später sind die Triebe immer soweit zurückzunehmen, wie es die Gestaltungsform verlangt. Wer Wert auf Blüten legt, sollte Äste und Zweige zum Ausgang des Winters beschneiden.

Liquidambar formosana, Amberbaum

Liquidambar formosana, die aus den wärmeren Gebieten Taiwans, Süd- und Mittelchinas stammt, wächst zu einem geradstämmigen Baum mit stark verzweigter Krone heran. Besonders dekorativ wirken die meist korkig geflügelten, jungen Triebe. Die in der Regel dreilappigen, ahornähnlichen, im Austrieb lavendelfarbenen Blätter verfärben sich im Herbst prachtvoll weinrot.
Standort: Hell, vor praller Sonne geschützt, im Sommer auch im Freien. Im Winter möglichst nicht über 10 °C.
Feuchtigkeit: Erde im Sommer mäßig feucht halten. Im Winter nur sporadisch gießen.
Düngen: Von April bis August wöchentlich 0,1 %.
Umpflanzen: Erstes Einpflanzen nach drei Jahren. Umpflanzen alle drei bis fünf Jahre. Erdmischung I ohne kohlensauren Kalk.
Vermehren: Aussaat im Frühjahr.
Gestaltung: In der Jugend mehrmals Stutzen, um buschige Pflanzen zu erzielen. Später die Triebe frühzeitig pinzieren, bevor der Trieb weit herausgewachsen ist. Auf Drahten wegen der empfindlichen Rinde möglichst verzichten.

Lonicera nitida, Heckenkirsche, Geißblatt

Dieser immergrüne, in Westchina heimische Strauch, ist reich und dünn verzweigt. Die kleinen, dichtstehen-

Lonicera nitida, 4 Jahre alt, 25 cm hoch.

den, ledrigen, oberseits glänzendgrünen Blätter ähneln denen der Myrte. Im Mai/Juni erscheinen an kurzen Seitentrieben paarweise rahmweiße Blüten, denen glänzendpurpurne Früchte folgen. Als Bonsai im Handel ist in der Regel die Sorte 'Elegant', bei der die Zweige nicht aufrecht wachsen, sondern waagerecht abstehen oder zierlich überhängen.
Standort: Hell bis sonnig, im Frühjahr-Sommer am besten im Freien. Im Winter möglichst nicht über 10 °C.
Feuchtigkeit: Gleichmäßig feucht halten. Kurzfristige Trockenheit wird vertragen.
Düngen: Von April bis August wöchentlich 0,1 %.
Umpflanzen: Erstes Einpflanzen nach zwei bis drei Jahren. Umpflanzen alle drei bis fünf Jahre. Erdmischung I.
Vermehren: Durch Stecklinge.
Gestaltung: Durch mehrmaliges Stutzen erhält man in relativ kurzer Zeit schön verzweigte Pflanzen. Später sind die Triebe immer soweit zurückzunehmen, wie es die Gestaltungsform verlangt. Dieser Rückschnitt sollte stets mit einem leichten Auslichten verbunden sein.

Malpighia coccigera, Malpighie, Singapur-Stechpalme

Der in Westindien beheimatete Strauch trägt eiförmig-rundliche, stark gezähnte, glatte und glänzende Blätter. Die pfirsichrosafarbenen Blüten erscheinen vom Frühjahr bis zum Sommer. In den USA schon lange in Bonsaikultur. Zeichnet sie sich durch kleine Blätter, sichere Blüte und interessante Rinde aus. Zur Bonsaigestaltung geeignet ist auch *M. glabra*, die Barbados-Kirsche.
Standort: Hell bis sonnig, in den Sommermonaten vor direkter Sonne geschützt. Die Temperatur sollte nicht unter 15 °C fallen.
Feuchtigkeit: Substrat mäßig feucht halten. Ballentrockenheit und stauende Nässe wird mit Blattbefall beantwortet.
Düngen: Frühjahr bis Herbst jede Woche, im Winter alle vier Wochen 0,05 %.
Umpflanzen: Erstes Einpflanzen nach drei Jahren, Umpflanzen alle zwei

Jahre. Wurzeln schonend behandeln. Erdmischung II.
Vermehren: Durch Stecklinge das ganze Jahr über möglich.
Gestaltung: Malpighien verzweigen sich von selbst sehr gut. Die Triebe wachsen oft steil nach oben und müssen frühzeitig gedrahtet bzw. heruntergebunden werden, um sie in die gewünschte Form zu bringen. Später werden Neuaustriebe auf zwei Blattansätze zurückgenommen. Malpighien blühen am letztjährigen und mehrjährigen Holz.

Malpighia coccigera (Singapur Stechpalme), 10 Jahre, 25 cm. Malpighien blühen am mehrjährigen Holz.

Melaleuca, Myrtenheide

Melaleuca ist eine *Callistemon* nahestehende Gattung mit etwa 100 Arten. Es sind aromatisch duftende Sträucher, selten Bäume mit heidekrautartig feiner Belaubung.
Gestaltungs- und Kulturhinweise: Siehe bei *Leptospermum*. Der Schnitt muß sich bei gestalteten älteren Pflanzen in Grenzen halten, da sonst die Blühfreudigkeit stark leidet.
Empfehlenswerte Arten: *M. hypericifolia* blüht von Juni bis August. Auch jüngere Pflanzen blühen schon sehr gut. Sie hat schlanke, bräunliche Zweige, die dicht mit kreuzgegenständig stehenden, lanzettlichen, durchscheinend punktierten Blättern besetzt sind. *M. leucadendra* wird auch Kajeputbaum genannt. Der Name kommt aus dem Malaiischen und bedeutet Weißholzbaum wegen der weißen abblätternden Rinde. Kleine, nach beiden Seiten spitz zulaufende Blätter. Im Handel meist die Sorte 'Golden Free'.

Metrosideros excelsa, Eisenbaum

Der Eisenbaum ist ein in Neuseeland und im tropischen Polynesien heimischer Vertreter der Myrtengewächse. Die ovalen, lederartigen Blätter sind in ihrem Jugendstadium, ebenso wie die jungen Triebe, zart und weich behaart. Der Austrieb ist kupferrot gefärbt. Die leuchtend tiefroten Blüten stehen in endständigen Trugdolden. Die Blütenfarbe wird nicht, wie bei den meisten Pflanzen, durch die Blütenblätter hervorgerufen, sondern durch eine Vielzahl von tiefroten Staubfäden. Es gibt eine Reihe von Kulturformen mit dekorativen Blattfärbungen.

Murraya paniculata, 3 Jahre alt, 20 cm hoch.

Standort: Sonnig, im Sommer auch im Freien. Der Blütenbildung wegen sollte die Temperatur im Winter 12 °C nicht übersteigen.
Feuchtigkeit: Im Sommer reichlich, im Winter sehr sparsam gießen.
Düngen: Von März bis Ende September wöchentlich, die übrige Zeit alle zwei bis drei Wochen 0,1 %.
Umpflanzen: Erstes Einpflanzen nach drei Jahren. Umpflanzen alle drei bis vier Jahre. Erdmischung I.
Vermehren: Stecklinge.
Gestaltung: Eine regelmäßige Verzweigung erfolgt auch ohne Schnittmaßnahmen. Später ist rechtzeitig zu beschneiden. Man sollte die Triebe nicht zu lang werden lassen. Auf ein Drahten kann in der Regel nicht verzichtet werden.

Murraya, Orangenjasmin, Orangenraute

Murraya ist im indisch-malaiischen Gebiet beheimatet. Die kleinen immergrünen Bäume oder Sträucher haben glänzende Blätter und wohlriechende, das ganze Jahr über erscheinende weiße Blüten. Die kleinen orangenähnlichen Früchte halten viele Wochen. Als Bonsai und als Topfpflanze im Handel.
Standort: Hell, vor direkter Sonne geschützt. Temperatur über 15 °C.
Feuchtigkeit: Substrat gleichmäßig feucht halten. Kein hartes Gießwasser verwenden, die Salzverträglichkeit ist begrenzt.
Düngen: Frühjahr bis Herbst jede Woche, im Winter alle zwei bis vier Wochen 0,05 %.
Umpflanzen: Erstes Einpflanzen nach drei Jahren. Umpflanzen alle zwei Jahre. Erdmischung II.
Vermehren: Durch Stecklinge und durch Aussaat ganzjährig. Der Orangenjasmin setzt auch bei uns sehr gut Samen an. Früchte gären lassen.
Gestaltung: Pflanzen aus Samen im Jugendstadium nicht oder kaum beschneiden. Mit dem Formschnitt im zweiten Kulturjahr beginnen. Bei älteren gestalteten Pflanzen die einzelnen Triebe nach und nach erst nach der Blüte bzw. nach dem Abfallen der Früchte auf ein bis zwei Blattansätze zurückschneiden. Drahten junger Pflanzen nicht zu empfehlen, da Rinde sehr empfindlich.
Empfehlenswerte Arten: *M. paniculata*, der »cosmetic-barc-tree«, dessen

wohlriechende Rinde in der Kosmetik verwendet wird. Der Duft der Blüten und die orangeähnlichen Früchte weisen auf den deutschen Namen Orangenjasmin hin. Interessant für die Bonsaigestaltung, auch wegen der sehr schönen weißen bis gelblich-weißen Rinde. *M. koenigii* 'Curry leaf' ähnlich *M. paniculata*. Blätter dieser Art werden für Curry-Mischungen verwendet.

Myrciaria, Jaboticaba

Es gibt drei unterschiedliche, aber eng verwandte Arten aus Brasilien mit ähnlichen Früchten, die alle mit den Namen Jaboticaba bezeichnet werden: *M. cauliflora*, *M. jaboticaba* und *M. trunciflora*. Es handelt sich um immergrüne Bäume mit kleinen Blättern. Die weißen Blüten mit auffallenden Staubgefäßen sitzen in Büscheln direkt an Stamm und Ästen, was der Botaniker als Kauliflorie (= Stammblütigkeit) bezeichnet. Die dickhäutigen, weinbeerenartigen Früchte haben ein angenehmes, weinartiges Aroma. Pflege- und Gestaltungshinweise siehe Eugenia.

Myrsine africana, Myrsine

Aufgrund der von Natur aus kleinen Blätter und der guten Schnittverträglichkeit eignet sich die Myrsine besonders gut zur Bonsaigestaltung. Das Verbreitungsgebiet von *M. africana* mit *M. a.* var. *microphylla* und *M. a.* var. *retusa* erstreckt sich von den Azoren nach Nord- und Südafrika, von

Myrsine africana, 3 Jahre, 20 cm. In einer eigenwilligen Form gestaltet, die durch die Stammführung wirkt.

Afghanistan bis China. Sie bilden niedrige, dichtbuschige Sträucher mit kleinen dunkelgrünen, meist rundlichen Blättern. Die eingeschlechtigen Blüten fallen nicht besonders auf. Ihnen folgen kugelige, erbsensgroße und blaue Steinfrüchte, die einen besonderen Schmuck der Pflanze darstellen. Da die Myrsine zweihäusig ist, werden die schönen blauen Steinsamen nur dann angesetzt, wenn beide Geschlechter zusammenstehen. Das heißt also, wenn man auf Früchte nicht verzichten will, benötigt man zwei Pflanzen, eine männliche und eine weibliche. Bei der Gestaltung von Gruppenpflanzungen genügt eine männliche zwischen mehreren weiblichen Pflanzen.

Standort: Hell bis sonnig bei üblichen Zimmertemperaturen, im Sommer auch im Freien. Im Winter darf die Temperatur auf 10 °C fallen und sollte 20 °C nicht übersteigen.
Feuchtigkeit: Ganzjährig mäßig feucht, stauende Nässe unbedingt vermeiden.
Düngen: Frühjahr bis Herbst wöchentlich 0,5%, im Winter nur sporadisch.
Umpflanzen: Erstes Einpflanzen nach drei Jahren. Umpflanzen alle zwei bis drei Jahre in Erdmischung II. Die Wurzeln sind schonend zu behandeln.
Vermehren: Durch Stecklinge im Frühsommer oder auch durch Aussaat.
Gestaltung: Aufgrund der natürlichen Wuchseigenschaften sind Myrsinen besonders gut zur Gestaltung von Mehrfachstammformen mit schirmförmiger Krone geeignet.
Auch lassen sich Myrsinen wegen ihrer von Natur aus bonsaigerechten Proportionen sehr gut zur Gestaltung von Landschaften verwenden. Ohne mehrfaches Stutzen lassen sich aus den lockerwüchsigen Pflanzen keine kompakten Jungpflanzen erzielen. Auch empfiehlt es sich, den Haupttrieb an einem Stab anzubinden, so lange bis er verholzt ist und von alleine steht. Später sind die Neuaustriebe stets soweit zurückzuschneiden, wie es der Gestaltungsform dienlich ist.

Myrtus communis, Myrte

Die Myrte ist im Mittelmeergebiet beheimatet und gehört dort zur sogenannten Hartlaubflora. Sie zählt mit zu den ältesten Zimmerpflanzen.

Schon im Altertum genoß die Myrte bedeutendes Ansehen und spielte bei kultischen Handlungen und Festen eine wichtige Rolle. Sie ist als Topfpflanze und Bonsai im Handel.
Standort: Hell bis sonnig, im Sommer auch im Freien. Im Winter allgemein etwas kühler. Nach eigener Erfahrung werden Temperaturen im Winter auch über 20 °C vertragen, wenn der Standort hell ist.
Feuchtigkeit: Bei sonnigem Stand braucht die Myrte viel Wasser; Staunässe aber unter allen Umständen vermeiden. Bei kühler Überwinterung deshalb besonders vorsichtig gießen, das Substrat nur mäßig feucht halten. Kein hartes Wasser verwenden.
Düngen: Frühjahr bis Herbst jede Woche, im Winter am hellen und warmen Standort alle zwei Wochen, sonst alle vier Wochen 0,05%.
Umpflanzen: Erstes Einpflanzen bei Miniaturbonsai nach zwei Jahren, bei

Myrtus communis in Anlehnung an einen chinesischen Bonsai (Penjing) gestaltet.

größeren Bonsai nach drei bis fünf Jahren. Umpflanzen nur alle drei bis vier Jahre, denn so lange sich die Wurzeln ausbreiten können, wachsen Myrten, ohne zu blühen. Erdmischung II ohne Kohlensauren Kalk.
Vermehren: Durch etwa 5 cm lange, noch nicht verhärtete Triebspitzen von April bis August oder Aussaat im Frühjahr.
Gestaltung: Myrten verzweigen sich ohne besondere Schnittmaßnahmen sehr gut. Deshalb schon sehr früh mit dem Formschnitt beginnen. Überflüssige Triebe entfernen, die übrigen Triebe pinzieren. Später werden Pflanzen, die reich blühen sollen, nach der Blüte geschnitten. Falls erforderlich, im März–April nachschneiden. Alle 3 Jahre ist auszulichten. Drahten der Triebe ist nicht einfach, deshalb Richtungsänderung durch andere Gestaltungsmaßnahmen herbeiführen. Myrten lasen sich sehr gut als Miniaturbonsai in der Besenform gestalten.

Myrtus communis (Myrte), 12 Jahre, 50 cm.

Nandina domestica, Nandine, Himmelsbambus

Der dem Amerikanischen entlehnte Name Himmelsbambus wird dieser ostasiatischen Pflanze gerecht. (Heimat ist Japan, Mittelchina und Indien.) Die straff-aufrechten, kaum verzweigten Triebe und das filigrane Fiederlaub erwecken einen so ungemein grazilen Eindruck, wie er selbst von Bambus nicht übertroffen wird. In freier Natur wird der immergrüne Strauch von bambusartigem Habitus nicht sehr hoch. Die bräunlichen Zweige tragen am Ende einen lockeren Schopf von relativ langen, dreifach gefiederten Blättern. In Japan und China wird die Nandine mit einer ganzen Reihe verschiedener Sorten von alters her in den Gärten und als Bonsai gezogen. In Japan sind über 50 Gartenformen bekannt. Neben kleinblättrigen und weißbunten Typen gibt es auch solche, die ganzjährig ihre dunkelrote Farbe behalten.
Standort: Sonnig, gedeiht aber auch noch an schattigen Plätzen recht gut. Im Sommer ist ein sonniger Standort im Freien angebracht. Zu beachten ist, daß die Blätter sich nur bei kühlem Standort im Herbst rot verfärben.
Feuchtigkeit: Die Nandine hat wie Bambus einen hohen Wasserbedarf.
Düngen: Von Mai bis Anfang August wöchentlich 0,05%. Im Winter nicht düngen.
Umpflanzen: Erstes Einpflanzen nach drei Jahren. Umpflanzen alle zwei bis drei Jahre in Erdmischung I.

Vermehrung: Durch Stecklinge bei hoher Bodenwärme, jedoch dauert es relativ lange bis zur Wurzelbildung.
Gestaltung: Die Nandine wächst nicht allzu stark. Stutzen bringt wenig Vorteile, denn die Pflanzen verzweigen sich auch danach nur wenig. Deshalb läßt man besser die dünnen Stengel mit dem großen, gefiederten Laub wirken. Wenn die Triebe die gewünschte Höhe erreicht haben, zupft man die Spitzen heraus. Von Zeit zu Zeit (etwa alle fünf Jahre), ist ein kräftiger Rückschnitt bis kurz über dem Boden zu empfehlen.

Nicodemia diversifolia (syn. Buddleja indica), Stubeneiche

Ein in den Bergen Madagaskars beheimateter immergrüner, reichverzweigter Strauch mit mehr in die Breite als in die Höhe wachsenden Zweigen. Die dünnen, metallisch glänzenden Blätter sind in den oberen zwei Dritteln eichenartig gebuchtet. Interessant als Bonsai ist *Nicodemia* wegen der hellbraunen, im Alter dunkelbraunen Rinde, die dann von hellen Längsstreifen durchzogen ist. Die kleinen, gelblichen Blüten erscheinen regelmäßig am alten Holz.
Standort: Hell, vor praller Sonne geschützt. Ideal sind Standorte mit Morgen- oder Abendsonne bei üblichen Zimmertemperaturen. Nicht unter 10 °C.
Feuchtigkeit: Stets feucht halten, Nässe aber vermeiden. Gegen Ballentrockenheit ist *Nicodemia* sehr empfindlich.
Düngen: Im Frühjahr und Sommer wöchentlich 0,1 %, im Winter nur jede zweite Woche.
Umpflanzen: Erstes Einpflanzen nach drei Jahren. Umpflanzen alle zwei bis drei Jahre in Erdmischung I.
Vermehrung: Leicht durch Stecklinge, bevorzugt im Frühjahr.
Gestaltung: Die Gestaltung ist durch den sparrigen Wuchs nicht ganz einfach. Auch werden häufig Triebe mit sehr langen Internodien ausgebildet, die sich nur schwer in die Gestaltungsform einordnen lassen. Im Handel erhältliche Bonsais sind aus diesem Grund meist mit Hemmstoffen behandelt. Die Wirkung dieser Hemmstoffe ist allerdings zeitlich begrenzt. Eine reiche Verzweigung läßt sich durch mehrmaliges Stutzen erreichen. Später sind Neuaustriebe stets soweit zurückzuschneiden, wie sie eben wachsen sollen. Ein stärkerer Rückschnitt ins alte Holz ist möglich, doch muß man die sich neubildenden Triebe frühzeitig wieder an die Gestaltungsform anpassen.

Ochna, Wilder Birnbaum

Die Gattung ist im tropischen Afrika beheimatet. Sie umfaßt immergrüne, aber auch sommergrüne Bäume und Sträucher mit glänzenden, ganzrandigen oder gesägten, dünnen, lederartigen Blättern. Besonders reizend sind die gelben, dezent duftenden Blüten des Wilden Birnbaums, die schwarzen, glänzenden Früchte mit bleibendem, rotem Kelch und die dicht mit Lentizellen bedeckte Rinde.

Ochna serrulata, Zwillingsstamm, 12 Jahre alt, 40 cm hoch.

Gelegentlich als Topfpflanzen im Handel. In den USA in Bonsaikultur.
Standort: Hell bis sonnig, bei Temperaturen von 15 bis 20 °C.
Feuchtigkeit: Substrat gleichmäßig feucht halten.
Düngen: Frühjahr bis Herbst jede Woche, im Winter alle zwei Wochen 0,05%.
Umpflanzen: Erstes Einpflanzen nach drei Jahren, Umpflanzen alle zwei Jahre. Erdmischung I.
Vermehren: Aussaat ganzjährig, Stecklinge von April bis August bei hohen Bodentemperaturen.
Gestaltung: In den ersten zwei Kulturjahren häufig stutzen, um gestaltungsfähige Pflanzen zu erhalten. Im dritten Kulturjahr kann mit dem Formschnitt begonnen werden. Beim Instandhaltungsschnitt den Neuaustrieb immer auf zwei Blattansätze zurücknehmen. Es müssen dabei genügend Kurztriebe verbleiben, da Ochnen an der Spitze von Kurztrieben blühen. Drahten ist nur als kurzfristige Maßnahme zu empfehlen.
Empfehlenswerte Arten: *O. serrulata* mit zunächst goldgelben, zur Fruchtzeit hochroten Kelchblättern. Blumen-

Olea europaea (Ölbaum), 8 Jahre, 25 cm.

blätter goldgelb abfallend. Die schwarzen Steinfrüchte hängend an dem hochroten Blütenboden. *O. multiflora*, Blüten in vielblütigen Trauben, Kelchblätter zunächst grünlich, zur Fruchtzeit leuchtend rot. *O. kirkii*, ähnlich der vorigen Art, in den USA als Micky-Maus-Pflanze bezeichnet.

Olea europaea, Ölbaum, Olivenbaum

Die Charakterpflanze des Mittelmeergebiets gilt als eine der ältesten und wichtigsten Kulturpflanzen. Der kleine Baum wird meist nicht über 5 bis 6 m hoch, er wächst langsam und wird sehr alt. Im Alter mit rissigem, unregelmäßigem Stamm, Blätter klein, silbergrau, derb lederig. Blüten gelblichweiß, duftend, im Juni bis August blühend. Bekannt ist seine kugelige bis pflaumenförmige, grüne, zuletzt blauschwarze Frucht, die Olive. Gelegentlich als Topfpflanze und als Bonsai im Handel.

Standort: Sonnig, im Sommer auch im Freien. Der Olivenbaum verträgt wie keine andere Pflanze das Klima zentralbeheizter Räume und kann in einem relativ weiten Temperaturbereich (von +5 °C bis über +20 °C) kultiviert werden.

Feuchtigkeit: Zur trockenen Seite hin kultivieren, d. h. bei mäßiger Feuchtigkeit.

Düngen: Frühjahr bis Herbst jede Woche, im Winter alle vier Wochen 0,05 %.

Umpflanzen: Erstes Einpflanzen nach fünf Jahren, Umpflanzen alle zwei bis drei Jahre. Erdmischung I.

Vermehren: Durch Aussaat ganzjährig oder durch Stecklinge Mai–Juni.

Gestaltung: Das Wachstum, insbesondere das Dickenwachstum des Stammes und der Äste, vollzieht sich sehr langsam. Der Haupttrieb ist stark dominant, deshalb oft stutzen. Neuaustriebe bei Jungpflanzen auf drei bis vier Blattansätze zurücknehmen, beim Instandhaltungsschnitt immer auf ein bis zwei Blattansätze. Mit formenden Schnittmaßnahmen wird im zweiten Kulturjahr begonnen. Drahten ist wegen des sparrigen Wuchses notwendig. Spätestens nach vier Monaten Draht wieder entfernen.

Pinus pinea, Pinie, Schirmkiefer

Die Pinie ist ein Charakterbaum der Mittelmeerlandschaft. Sie fällt auf wegen ihrer breiten schirmförmig gewölbten Krone auf kurzem Stamm, der sich oft schon in niedriger Höhe in starke Äste teilt. Die Zweige sind breit abstehend und dicht verzweigt. Die Farbe der Nadeln bei Jungpflanzen ist bläulich, im Alter graugrün, sie sitzen zu zweit beisammen. Als Topfpflanze im Handel. Neben der Pinie ist auch *Pinus halepensis*, die Aleppo-Kiefer, als Zimmerbonsai geeignet. Sie ist ebenfalls im Mittelmeergebiet beheimatet und hat im Alter eine gewölbte Krone auf dickem Stamm, gedrehte Äste und fein verästelte Zweige.
Standort: Im Sommer an geschützter Stelle im Freien, im Winter hell bei Temperaturen um 8 °C. Nach eigenen Erfahrungen ist *Pinus pinea* auch ganzjährig für die Zimmerkultur geeignet, selbst wenn die Temperatur im Winter bei über 15 °C liegt. Voraussetzung ist ein heller Standort.
Feuchtigkeit: Substrat gleichmäßig feucht halten. Im Winter bei kühlem Standort mäßig feucht. Keine stauende Nässe aufkommen lassen.
Düngen: Von Frühjahr bis Herbst alle zwei, im Winter alle vier Wochen 0,05%.
Umpflanzen: Erstes Einpflanzen nach vier bis fünf Jahren, Umpflanzen alle zwei bis drei Jahre.
Vermehren: Durch Aussaat ganzjährig, allerdings ist nur frisches Saatgut ausreichend keimfähig. Pinienzapfen mit keimfähigem Samen erhält man in Feinkostläden.
Gestaltung: Bei naturgemäßer Gestaltung läßt man die Jungpflanzen bis in die gewünschte Baumhöhe wachsen, dann wird der Haupttrieb eingekürzt. Die untersten Seitentriebe werden bis zum Stamm entfernt. Die oberen Seitentriebe werden mit Schnüren annähernd in die Waagerechte gebunden. Neuaustriebe durch Ausknipsen mit den Fingern entfernen, damit die Baumkrone jedesmal dichter wird. Dabei darf die Schirmform nicht aus den Augen verloren werden. Bei älteren gestalteten Pflanzen Neuaustriebe, um die Form zu erhalten, vollständig ausbrechen.

Pistacia lentiscus, Pistakistrauch, Mastixstrauch

Vor allem das Muster aus Ästen, Zweigen und immergrünen Fiederblättern, macht diesen Strauch auch als Bonsai so attraktiv. Der immergrüne kleine Strauch kann bisweilen auch als ein bis zu 8 m hoher Baum wachsen. Die Blätter sind paarig drei- bis fünffach gefiedert. Die achselständigen Blüten sitzen in dichten, ährenartigen Rispen. Da der Pistakistrauch zweihäusig ist, braucht man männliche und weibliche Pflanzen, um Früchte zu erzielen.
Standort: Sonnig, bei praller Sonne ist jedoch leichter Schatten notwendig. Im Sommer ist ein Platz im Freien angebracht. Im Winter genügen 10 °C.
Feuchtigkeit: Mäßig feucht halten. Zwischen dem Gießen sollte der Wur-

Pistacia lentiscus (Pistakistrauch), 4 Jahre, 20 cm. Bei dieser Jungpflanze wurden erste Gestaltungsmaßnahmen durchgeführt.

zelballen abtrocknen. Bei kühlem Stand im Winter ist gerade soviel zu gießen, daß eine leichte Ballenfeuchtigkeit vorhanden ist.
Düngen: Frühjahr bis Sommer 0,05%. Im Winter nicht düngen.
Umpflanzen: Erstes Einpflanzen nach drei Jahren. Umpflanzen alle zwei bis fünf Jahre in Erdmischung I. Pistazien lieben Kalk.
Vermehren: Durch Aussaat. Leider sind die bei uns erhältlichen Pistaziennüsse alle geröstet und haben dadurch ihre Keimkraft verloren.
Gestaltung: Der Mastixstrauch verzweigt sich von Natur aus sehr gut. Er neigt dazu, relativ lange Internodien auszubilden, die sich nicht immer gut in die Gestaltungsform einbeziehen lassen. In der Regel kann auf Drahten nicht verzichtet werden. Neuaustriebe immer so weit zurückzunehmen, wie sie eben wachsen sollen.

Pittosporum, Klebsame

Die immergrünen Bäume oder Sträucher tragen lederartige Blätter und weiße, gelbe, rosafarbene oder auch schwarzrote kleine Blüten, die einen intensiven Honigduft ausströmen. In den Tropen und Subtropen der östlichen Hemisphäre beheimatet.
Standort: Hell bis sonnig, im Winter bei Temperaturen bis 18 °C, im Sommer auch im Freien.
Feuchtigkeit: Im Sommer reichlich gießen, im Winter mäßig feucht halten.
Düngen: Für eine reiche Blüte ist eine gute Nährstoffversorgung Voraussetzung. Man düngt von Mai bis September jede Woche, die übrige Zeit alle zwei Wochen, bei kühlem Standort alle vier Wochen 0,05%.
Umpflanzen: Erstes Einpflanzen nach zwei Jahren. Umpflanzen alle zwei Jahre im Frühjahr, ein Wurzelrückschnitt wird gut vertragen. Erdmischung I.
Vermehren: Durch Aussaat. *Pittosporum* setzt auch bei uns sehr gut Samen an, er muß sofort nach der Reife ausgesät werden. Vermehrung durch Stecklinge im Juni–September ist möglich.
Gestaltung: In den ersten beiden Kulturjahren ist oft zu stutzen, um eine verzweigte, gestaltungsfähige Pflanze zu erhalten. Instandhaltungsschnitt nach der Blüte durchführen. Falls erforderlich, wird im Frühjahr ein Draht angelegt und zum Ende der Hauptwachstumszeit im September wieder entfernt.
Empfehlenswerte Arten: *P. tobira* ist beheimatet in den subtropischen Ge-

bieten Chinas und Japans. Der Duft der kleinen weißen Blüten ist betäubend. *P. tenuifolium*, als Baum bis 9 m hoch, junge Triebe fast schwarz. Von dieser Art gibt es eine Reihe von Sorten mit grünweißen, bronzebraunen oder weißgerandeten Blättern. *P. undulatum* ist ein 9 bis 12 m hoher Baum mit lorbeerartigen Blättern.

Podocarpus, Steineibe

Die Gattung immergrüner Bäume gehört zu den Nadelgehölzen und besitzt eibenähnliche Blätter. Die Steineiben sind in den Tropen und in warm gemäßigten Gebieten der alten und neuen Welt beheimatet. Als Bonsai und als Topfpflanze im Fachhandel.
Standort: Hell bis sonnig, im Sommer in den Mittagsstunden vor direkter Sonne geschützt, am besten im Freien. Im Winter allgemein etwas kühler. Nach eigener Erfahrung werden Temperaturen im Winter auch über 20 °C vertragen, wenn der Standort hell ist.
Feuchtigkeit: Frühjahr bis Herbst alle zwei Wochen, im Winter alle vier Wochen 0,05 %.
Umpflanzen: Erstes Einpflanzen nach vier bis fünf Jahren, Umpflanzen alle zwei Jahre. Erdmischung I.
Vermehren: Durch Aussaat ganzjährig, nur frisches Saatgut verwenden. Vermehrung durch Stecklinge im Juni–Juli möglich.
Gestaltung: Sämlinge läßt man in den ersten beiden Kulturjahren ungehindert wachsen, da sie sich von selbst sehr gut verzweigen. Im dritten Jahr mit der Gestaltung beginnen. Die na-

Podocarpus macrophyllus. Die zu den Nadelgehölzen gehörende Gattung zeichnet sich durch eibenähnliche Blätter aus (Besitzer: Tony-Bonsai, Taiwan).

türliche Wuchsform macht sie geeignet für Baumformen, die durch die Stammführung wirken. Beim Instandhaltungsschnitt Neuaustriebe auf 1 bis 2 cm zurücknehmen. Gedrahtet wird im April vor dem Austrieb. Spätestens nach sechs Monaten Draht entfernen.
Empfehlenswerte Arten: *P. macrophyllus*, in seiner Heimat in China und Japan 12 bis 15 m hoher Baum, stets einstämmig. *P. nagi* mit glatter, rötlicher Rinde. *P. glaucus* hat kleine, buxusartige Blätter. *P. falcatus, P. gracilior.*

Polyscias, Fiederaralie, Ming-Aralie

Bäume oder Sträucher mit glatten, mehrfach gefiederten, sehr veränderlichen Blättern. Von den etwa 70 Arten sind die meisten im tropischen Asien beheimatet. Als Bonsai und Topfpflanzen im Handel. Wird auch als Karibik-Bäumchen bezeichnet.
Standort: Sie benötigt einen hellen, vor Sonne geschützten Standort. Einen Aufenthalt im Zimmer über einen längeren Zeitraum übersteht die Ming-Aralie ohne Schaden. Die Temperatur sollte längere Zeit nicht unter 15 C° absinken.
Feuchtigkeit: Ganzjährig Substrat mäßig feucht halten. Vorsicht vor stauender Nässe, aber nie austrocknen lassen.
Düngen: Frühjahr bis Herbst alls zwei Wochen, im Winter alle vier Wochen 0,05%.
Umpflanzen: Erstes Einpflanzen nach 3 Jahren, Miniaturbonsai auch früher, Umpflanzen jährlich. Erdmischung II.
Vermehren: Durch Stecklinge ganzjährig.
Gestaltung: Ming-Aralien gestaltet man nur durch Schnittmaßnahmen. Durch Stutzen bekommt man mäßig verzweigte Stämme, wobei die Seitentriebe senkrecht nach oben wachsen, niemals seitlich abstehen. Gestaltungsmaßnahmen beschränken sich daher auf ein Zurücknehmen der Spitzentriebe, wodurch auch die Erstarkung des Stammes gefördert wird. Bei jungen Pflanzen bzw. bei besonders guten Wachstumsbedingungen werden oft sehr große Blätter ausgebildet. Diese schneidet man ab; die Pflanze bildet dann neue, wesentlich kleinere Blätter aus. Geeignet als Miniaturbonsai.
Empfehlenswerte Arten: *P. filicifolia* mit gelbgrünen gefiederten Blättern. *P. guilfoylei* mit dunkelgrünen und weißbunt gerandeten Blättern. *P. balfouriana*, schwach gezähnt nahezu ganzrandig.

Poncirus trifoliata, Bitterorange

Ein kleiner Baum oder Strauch, in China beheimatet, 1 bis 7 m hoch, mit weißen Blüten im April–Mai und walnußgroßen Früchten. Die Blätter haben eine charakteristische Kleeblattform und stehen meist einzeln an den sehr dornigen Ästen. Als Bonsai und Topfpflanze im Handel. *Poncirus* dient auch als Unterlage bei der Veredlung von *Citrus*.
Standort: Hell bis sonnig, im Sommer auch im Freien. Kühl überwintern, bei Temperaturen unter 5 °C verliert sie ihr Laub. Im Winter werden bei hellem Standort auch Temperaturen bis 20 °C vertragen, wobei sie ihr Laub behält.
Feuchtigkeit: Substrat gleichmäßig feucht halten. Ballentrockenheit ist unbedingt zu vermeiden. Im Winter bei kühlem Stand ist nur mäßig zu gießen.
Kultur und Gestaltungshinweise: Siehe *Citrus*.

Polyscias ficifolia, 5 Jahre alt, 30 cm hoch.

Punica granatum,
Granatapfel

Die Heimat des Granatapfels liegt ursprünglich in den Ländern zwischen den östlichen Mittelmeergebieten und dem Himalaya. Heute wird er in den Subtropen der ganzen Welt angebaut. Von Juni bis September brennendrote Blüten in den Achseln und an den Spitzen der Triebe. Es gibt heute viele Formen von *P. granatum* mit weißlichen gestreiften und gefüllten Blüten. Bei den auf dem Markt erhältlichen Granatäpfeln handelt es sich in der Regel um die Form 'Nana', die freiwachsend höchstens 1 bis 1,5 m hoch wird. Der Granatapfel gehört mit seinem knorrigen Stamm, den kleinen Blättern, den Blüten und Früchten zu einem der schönsten Zimmerbonsai. Als Topfpflanze und Bonsai im Handel.

Standort: Hell bis sonnig, im Sommer auch im Freien. Im Herbst, zu Beginn ihrer Ruhezeit fallen nach einer prächtigen Laubfärbung die Blätter ab. Dann die Pflanzen hell und kühl bei Temperaturen um 8 °C aufstellen. Eigene Erfahrungen zeigen, daß die Pflanzen oft unterschiedlich reagieren. Einige verlieren ihr Laub und müssen kühl überwintert werden. Das Bedürfnis zur Ruhe ist stark ausgeprägt. Andere Pflanzen behalten ihr Laub und können bei höheren Temperaturen, bis 20 °C, an einem sonnigen Fenster durchkultiviert werden. Bei solchen Pflanzen setzt sich die Blüte über den Winter fort. Warm überwinterte Pflanzen werfen jedoch im selben Maße wie neue Blätter gebildet werden, die alten ab. Ob eine warme Überwinterung im Laufe der Zeit an die Substanz der Pflanze geht, kann noch nicht beantwortet werden und bedarf noch weiterer Beobachtung.

Feuchtigkeit: Frühjahr bis Herbst Substrat mäßig feucht halten. Für das Blühen im kommenden Jahr Ausreifen der Triebe sehr wichtig. Deshalb Gießen ab Mitte Juli einschränken. Pflanzen, die ihr Laub abgeworfen haben und kühl überwintert werden, weitgehend trocken halten.

Punica granatum 'Nana', 8 Jahre alt, 18 cm hoch.

Düngen: Frühjahr bis Herbst jede Woche, im Winter bei warmer Überwinterung alle vier Wochen 0,05%.
Umpflanzen: Erstes Einpflanzen nach drei bis fünf Jahren. Umpflanzen alle drei Jahre im Frühjahr, Erdmischung I.
Vermehren: Durch Aussaat ganzjährig, Samen gären lassen. Der Obsthandel bietet Granatäpfel, die viele Samen enthalten, zum Verzehr an. Eine vegetative Vermehrung ist durch Stecken etwa 10 cm langer, unbelaubter Zweige von Februar bis März oder im Juni–Juli aus halbreifen krautigen Stecklingen möglich.
Gestaltung: Apikaldominanz nur sehr schwach ausgeprägt. Sämlingspflanzen verzweigen sich vom Grunde her sehr stark. Es empfiehlt sich je nach späterer Gestaltungsform, überflüssige Triebe frühzeitig zu entfernen. Der Instandhaltungsschnitt beschränkt sich auf das Einkürzen zu langer Triebe und das Entfernen schwacher Triebe im Winter während der Ruhezeit. Drahten kann nur bei älteren zwei- bis dreijährigen Trieben empfohlen werden. Spätestens nach vier Monaten Draht wieder entfernen.

Quercus, Steineiche, Korkeiche

Eichen haben in der Kulturgeschichte ihren besonderen Platz. Viele indogermanische Völker verehrten sie, die Griechen weihten sie dem Zeus, die Römer dem Jupiter und die Germanen dem Donar. Hier angesprochen sind zwei immergrüne Arten, die im Mittelmeerraum zu Hause sind, *Q. ilex* (Steineiche) und *Q. suber* (Korkeiche).

Quercus suber, 10 Jahre alt, 30 cm hoch.

Standort: Hell bis sonnig, im Sommer auch im Freien. Im Winter allgemein kühl, um 8 °C. Allerdings werden Temperaturen nach eigener Erfahrung bis 18 °C vertragen.
Feuchtigkeit: Substrat gleichmäßig feucht halten.
Düngen: Frühjahr bis Herbst jede Woche 0,05%.
Umpflanzen: Erstes Einpflanzen nach vier Jahren. Umpflanzen alle zwei bis drei Jahre im April. Erdmischung I.
Vermehren: Durch Aussaat sofort nach Erhalt des Samens oder durch Stecklinge im Juni bis August.
Gestaltung: Um gestaltungsfähige Pflanzen zu bekommen, in den ersten beiden Kulturjahren häufig stutzen. Bei gestalteten Pflanzen Neuaustriebe immer auf ein bis zwei Blattansätze zurückschneiden. Wird gedrahtet, Draht spätestens nach vier Monaten wieder entfernen.

Rhapis, Ruten- oder Steckenpalme

In Ostasien findet man verschiedene Arten buschförmig wachsender, ausläufertreibender, kleiner oder mittelgroßer Palmen mit dünn rohrartigen, aufrechten Stengeln, die dicht netzartig mit Blattscheidenresten bedeckt sind. Die Fächerblätter dieser Palmen sind klein und vielfach fast bis zum Grunde geteilt. *R. exelsa* und *R. humilis* werden in Japan und China schon seit Jahrhunderten als Miniaturabbildungen der großen Rhapispalmen kultiviert.

Standort: Hell, vor praller Sonne geschützt. Im Winter reichen 10 °C, doch werden auch höhere Temperaturen vertragen.

Feuchtigkeit: Stets feucht halten, aber keine Nässe aufkommen lassen. Im Winter nur sparsam gießen.

Düngen: Von März bis September wöchentlich, die übrige Zeit alle drei Wochen 0,1 %.

Umpflanzen: Umpflanzen ist aufgrund des langsamen Wachstums nur in größeren Zeitabständen, etwa alle 3 bis 5 Jahre, erforderlich. Erdmischung II.

Vermehren: Durch Teilung, bzw. Abtrennen der Ausläufer.

Gestaltung: *Rhapis* bietet viele Möglichkeiten zur Gestaltung mehrstämmiger Formen. Um eine Buschform zu erzielen, läßt man die Pflanze ungehindert wachsen. Nur tote oder beschädigte Sprosse werden entfernt. Um eine baumartige Erscheinung mit gut sichtbaren Stämmen zu gestalten, schneidet man alle unteren Blätter weg. Neue Sprosse werden entfernt, um eine buschförmige Entwicklung zu verhindern. Durch Drahten der Stämme in verschiedene Positionen und Kurven kann man eine freie Form schaffen.

Rhododendron simsii, Azalee

R. simsii ist die Stammform der bekannten Topfazalee, die wir von Weihnachten bis zum Ende des Frühjahrs auf den Blumenmärkten angeboten bekommen. Sie stammt aus den Wäldern und feuchten Tälern Chinas und Formosas. Bis heute sind über 2000 Sorten entstanden. Die Azalee hat in Japan als Bonsai schon eine sehr lange Tradition. Gutes Ausgangsmaterial zur Gestaltung wird im Blumenhandel in reicher Auswahl angeboten. Auch als Bonsai im Handel.

Standort: Von Mitte Mai, nach dem Abblühen, bis in den September hinein, ist ein halbschattiger Standort im Freien am geeignetsten. In den Herbstmonaten legen die Azaleen ihre Blütenknospen an. Haben die Knospen eine bestimmte Größe, beginnt je nach Sorte eine kürzere oder längere Ruheperiode, während der die Pflanzen hell und kühl (um 12 °C) gestellt werden müssen. Keinesfalls dürfen Azaleen in dieser Zeit über der Heizung stehen, Blattfall und Abstoßen der Knospen wäre die Folge. Die Ruhezeit ist je nach Sorte Ende Dezember bis Ende Januar beendet. Danach blühen die Knospen bei 15 bis 22 °C innerhalb von zwei bis sechs Wochen auf.

Rhododendron simsii, 15 Jahre alt, 60 cm hoch.

Man kann ab Ende Januar durch Erhöhung der Temperatur die Blüte verfrühen. Ab Ende Mai kommen die abgeblühten Pflanzen wieder ins Freie.
Feuchtigkeit: Mit Erfolg kann man Azaleen nur dort am Leben erhalten, wo kalkarmes Wasser zu Verfügung steht. Übersteigt die Karbonathärte des Wassers 10° DH, muß das Wasser enthärtet oder Regenwasser verwendet werden. Das Substrat ist stets feucht zu halten. Besonders viel Wasser benötigen Azaleen während der Blütezeit.
Düngen: Nach dem Abblühen bis Ende Juli jede Woche 0,05%. Im August zur Zeit des Blütenknospenansatzes im wöchentlichen Abstand, insgesamt dreimal mit einem kalibetonten Mehrnährstoffdünger 0,1%. Im Winter und während der Blütezeit alle vier Wochen 0,05%.
Umpflanzen: Erstes Einpflanzen nach fünf Jahren. Danach werden die Pflanzen alle zwei bis drei Jahre nach der Blüte umgepflanzt. Azaleen benötigen eine saure Erde (pH-Wert 4,0) mit guter Wasserführung. Bewährt hat sich für die Bonsaikultur auch eine Erdmischung aus Weißtorf und Nadelstreu im Verhältnis 1:1 mit Zusatz von etwas Sand.

Vermehren: Selbst vermehren erübrigt sich im allgemeinen, da man gutes Ausgangsmaterial zur Bonsaigestaltung als Topfpflanze im Handel in allen Größen, Formen und Farben kaufen kann. Will man selbst vermehren, schneidet man Stecklinge mit mindestens sieben Blattansätzen von April bis Anfang Juni.
Gestaltung: Jungpflanzen werden in der Wachstumszeit etwa alle acht Wochen entspitzt, auf die spätere Form ist frühzeitig Rücksicht zu nehmen. Später wird letztmalig (Instandhaltungsschnitt) in der Zeit von Mitte April bis Ende Mai gestutzt, damit Blütenknospen ausgebildet werden. Im Knospenstadium oder während der Blüte kommt es mitunter zum Austrieb von Laubtrieben (Geiztrieben) neben den Knospen oder Blüten. Diese Triebe müssen frühzeitig ausgebrochen (ausgegeizt) werden, damit die Knospen ungestört aufblühen können. Ein Drahten zur Gestaltung ist möglich. Bei älteren Ästen ist Vorsicht geboten, da sie unter Druck leicht brechen können. Gedrahtet wird nach dem Abblühen. Spätestens im Herbst Draht wieder entfernen.

Rosmarinus officinalis, Rosmarin

Am heimatlichen Standort ist das Rosmarin ein dichter, reich verzweigter 1 bis 3 m hoher Strauch mit schmalen, dunkelgrünen, ledrigen Blättern und hell-lilafarbenen Blüten, welche ganzjährig erscheinen. Sie ist die Charakterpflanze der Macchien der Mittelmeergebiete. Seit dem Altertum in Kultur. Rosmarin wird als Gewürz in der Küche und in der Medizin als Antiseptikum verwendet. Als Topfpflanze im Handel.
Standort: Vollsonnig, im Sommer auch im Freien. Im Winter kühl, nicht über 15 °C.
Feuchtigkeit: Als Pflanze trockener Standorte verträgt Rosmarin Trockenheit, deshalb ist nur mäßig zu gießen.
Düngen: Von Frühjahr bis Herbst alle zwei Wochen, im Winter alle vier Wochen 0,05%.
Umpflanzen: Erstes Einpflanzen nach drei Jahren, Umpflanzen alle zwei bis drei Jahre.
Vermehren: Durch Stecklinge ganzjährig, bevorzugt im Mai–Juli.
Gestaltung: Durch laufendes Entspitzen in den ersten zwei Kulturjahren erhält man reichverzweigte gestaltungsfähige Pflanzen. Ältere, gestaltete Pflanzen im Sommer beschneiden. Auf Drahten sollte verzichtet werden, um die Rinde zu schonen, die dem Rosmarin seinen Reiz als Bonsai gibt.

Sageretia thea (syn. S. theezans), Sageretie, Falscher Tee

In ihrer Heimat in China und Japan ist die Sageretie ein 2 bis 3 m hoher Strauch. Die Rinde ist braun oder grau, zum Teil mit weißen Flecken, relativ glatt. Sie hat dünne, kleine, elliptische oder ovale, auf beiden Seiten

Rosmarinus officinalis, 15 Jahre alt, 30 cm hoch.

glänzende Blätter. Die Blüten erscheinen von August bis November in endständigen und seitlichen Rispen. Als Bonsai im Handel.
Standort: Hell, vor direkter Sonne geschützt, bei Temperaturen um 18 °C, im Sommer auch im Freien.
Feuchtigkeit: Kräftig gießen, aber stauende Nässe vermeiden. Trockenheit führt zu Blattabwurf.
Düngen: Frühjahr bis Herbst wöchentlich, im Winter alle zwei Wochen 0,05 %.
Umpflanzen: Erstes Einpflanzen nach drei Jahren, Umpflanzen alle zwei Jahre. Erdmischung II.
Vermehren: Durch Stecklinge ganzjährig, bevorzugt von April bis Juli. Bewurzelte Stecklinge von Seitentrieben müssen an einem Stab aufgebunden werden, da sie das Bestreben haben, in ihrer Wuchsrichtung weiter und damit schief zu wachsen.
Gestaltung: Stecklingsvermehrte Pflanzen verzweigen sich relativ spärlich, deshalb müssen Jungpflanzen

häufig gestutzt werden. Jedoch frühzeitig auf die spätere Form Rücksicht nehmen. Beim Instandhaltungsschnitt Neuaustrieb immer auf zwei Blattansätze zurücknehmen. Sageretien lassen sich durch Drahten gut gestalten. Der Draht wird im Frühjahr angelegt und spätestens im Herbst entfernt.

Schefflera actinophylla (syn. Brassaia actinophylla), Lackblattpflanze

Die Lackblattpflanze ist ein idealer Zimmerbonsai, einfach anzuziehen, einfach zu gestalten, ohne hohe Ansprüche an Standort und Temperatur. Sie ist eine weit verbreitete Topfpflanze mit handförmig geteilten Blättern. In ihrer australischen Heimat wird sie ein bis zu 40 m hoher Baum. Im Handel gibt es einige Sorten, die sich durch gedrungenen Wuchs besonders gut zur Bonsaigestaltung eignen. Hierzu gehört die aus Hawaii stammende Sorte 'New Hawaian Dwarf'. Auch als Bonsai im Handel.
Standort: *Schefflera* kommt mit einem schattigen Standort aus. Temperaturen von 12 °C aufwärts werden vertragen. Auch ein Standort über der Heizung ist bei ausreichender Bewässerung möglich.

◁ *Sageretia thea ist als Bonsai bei uns weit verbreitet. Ihre Wuchsfreudigkeit und Robustheit nimmt kleine Gestaltungsfehler kaum übel (Besitzerin: Mrs. Sue Aziz aus Jakarta, Indonesien).*

Feuchtigkeit: Gleichmäßig feucht halten, bei niedrigen Temperaturen entsprechend weniger gießen.
Düngen: Je heller der Standort der Pflanze, desto besser ist das Wachstum und um so mehr muß gedüngt werden. Von Frühjahr bis Herbst bei hellem Stand wöchentlich, bei schattigem alle zwei Wochen, im Winter alle vier Wochen 0,05%.
Umpflanzen: Erstes Einpflanzen nach zwei Jahren, Umpflanzen alle zwei Jahre. Erdmischung II.
Vermehren: Im Gartenbau wird überwiegend durch Aussaat vermehrt. Nur frisches Saatgut ist keimfähig. Für Bonsailiebhaber empfiehlt es sich, eine Topfpflanze zu kaufen und umzugestalten oder durch Stecklinge zu vermehren, die leicht bewurzeln.
Gestaltung: *S. actinophylla* wächst aufrecht und verzweigt sich von selbst kaum oder nur wenig. Fertig gestaltete Pflanzen bestehen in der Regel aus einer Hauptachse (Stamm), die von einem Blattschopf gekrönt ist. Mehrstämmige Pflanzen werden in der Regel aus mehreren Einzelpflanzen gebildet. Ziel der Gestaltung sind kurze dickstämmige Pflanzen mit kurzen Blattstielen. Die einzige gestalterische Maßnahme besteht darin, bei starkem Längenwachstum den Haupttrieb auf die gewünschte Länge zurückzuschneiden. Dadurch treibt eine schlafende Knopse aus, die die Funktion des Spitzentriebes übernimmt. Ein Drahten ist nicht notwendig und auch nicht empfehlenswert. Zu groß gewordene Blätter werden einfach abgeschnitten, die folgenden fallen kleiner aus.

Schefflera elegantissima, (syn. Dizygotheca elegantissima), Fingeraralie

Die Fingeraralie stammt aus Neukaledonien und Polynesien. Sie bildet dort immergrüne Sträucher bis kleine Bäume. An dünnen Stämmchen sitzen an relativ langen, gelb gefleckten Blattstielen, die wie Seitenäste wirken, Blätter mit sieben bis elf Blattfingern. Die stark gezähnten Blättchen haben einen olivgrünen Grundton mit rötlichem Mittelnerv. Der Typ 'Pollux' hat kräftig geformte Blattfinger; 'Castor' einen federbuschähnlichen, fast säulenförmigen, schmalen Aufbau und breite Blätter.
Standort: Hell, vor praller Mittagssonne geschützt. Temperaturschwankungen vermeiden. Ideal sind Temperaturen um 20 °C aufwärts, bei hoher Luftfeuchtigkeit.
Feuchtigkeit: Sehr empfindlich gegen stauende Nässe; Blattfall und Wurzelfäule sind die Folge. Neben einer kühlen Fensterbank ist dies der Hauptgrund für Mißerfolge. Stets gleichmäßig feucht halten. Bei vorübergehender Ballentrockenheit finden wir häufig eingetrocknete Blattspitzen. Kein hartes Gießwasser verwenden.
Düngen: Von Frühjahr bis Herbst wöchentlich 0,05%.
Umpflanzen: Erstes Einpflanzen nach zwei Jahren, Umpflanzen alle zwei bis drei Jahre. Erdmischung II. Wurzeln schonend behandeln.
Vermehren: Durch Aussaat (nur frisches Saatgut ist keimfähig genug) oder durch Kopf- und Teilstecklinge.
Gestaltung: Die Apikaldominanz ist bei der Fingeraralie stark ausgeprägt. Die Gestaltung beschränkt sich auf den Rückschnitt zu lang gewordener Triebe auf die gewünschte Höhe. Von Zeit zu Zeit empfiehlt es sich, die Krone auszulichten, um den Stamm besser zur Geltung zu bringen. Bei älteren, ausgewachsenen Pflanzen ist alle fünf bis sieben Jahre ein tiefer Rückschnitt bis kurz über der Erdoberfläche zu empfehlen.

Serissa foetida (syn. S. japonica), Juni-Schnee, Baum der tausend Sterne

In ihrer Heimat Japan ist *Serissa* ein kleiner Strauch, etwa 60 cm hoch, Blätter 2 bis 3 cm lang, elliptisch bis länglich. Blüten weiß, stiellos in den Achseln der Blätter. Die Rinde der *Serissa* ist gräulich weiß und blättert in dünnen Streifen ab. Der deutsche Name »Baum der tausend Sterne« weist auf die Reichblütigkeit hin. Sie blüht fast das ganze Jahr über, Hauptblütezeit ist der Juni. Als Bonsai im Handel.
Standort: Hell, vor direkter Sonne geschützt, im Sommer auch im Freien. Ein Standort über der Heizung sollte vermieden werden. Im Winter bei Temperaturen von 12 °C bis 20 °C.
Feuchtigkeit: Substrat mäßig feucht halten, kurzfristige Trockenheit hat Blattfall zur Folge. Stauende Nässe ist unbedingt zu vermeiden.
Düngen: Von Mai bis Herbst jede Woche, im Winter alle vier Wochen

0,05%. Bei *Serissa* ist wichtig, nicht zu früh mit der Düngung zu beginnen, um den Neuaustrieb vor der Hauptblütezeit (Juni) in Grenzen zu halten.
Umpflanzen: Erstes Einpflanzen nach drei Jahren, bei Miniaturbonsai entsprechend früher. Umpflanzen alle zwei bis drei Jahre. Erdmischung I.
Vermehren: Ganzjährig durch Kopf- oder Triebstecklinge.
Gestaltung: Gestaltungsfähige Pflanzen erhält man durch ständiges Zurückschneiden der Triebe. Dabei sollte man schon bei Jungpflanzen darauf achten, daß eine stetige Stammverlängerung erreicht wird. Bei älteren gestalteten Pflanzen wird nach der Hauptblütezeit (Ende Juni) kräftig zurückgeschnitten. In der übrigen Zeit wird nur formiert. Serissen verholzen relativ langsam, deshalb Vorsicht beim Drahten. Sechs Monate nach Anlegen ist der Draht wieder zu entfernen.

Sophora, Schnurbaum, Tempelbaum

Zwei Arten der Gattung *Sophora* sind als Bonsai im Handel erhältlich. *S. prostrata* aus Neuseeland ist ein immergrüner Strauch mit niederliegenden oder leicht ansteigenden, meist wirr durcheinander wachsenden Trieben, an denen gefiederte Blätter sitzen. Die Kulturform 'Little Baby' (im Handel fälschlicherweise unter den Namen *S. japonica* 'Little Baby') ist als Bonsai besonders stark verbreitet. Hübsch ist auch *S. tetraptera*, dessen Fiederblätter denen der Farne gleichen. Im Mai erscheinen goldgelbe, röhrenförmige Blüten.
Standort: Sonnig, im Sommer auch im Freien. Für die Blütenbildung sind im Winter niedrige Temperaturen um 10 °C wichtig.
Feuchtigkeit: Gleichmäßig feucht halten, im Winter sehr vorsichtig gießen.
Düngen: Von April bis Ende September 0,1%.
Umpflanzen: Erstes Einpflanzen nach drei bis fünf Jahren. Umpflanzen alle zwei bis drei Jahre. Erdmischung I.
Vermehren: Aussaat.
Gestaltung: Der Haupttrieb ist bei Jungpflanzen frühzeitig zu stutzen, um eine ausreichende Verzweigung zu gewährleisten. Der Rückschnitt der Äste und Zweige ist bei gestalteten Pflanzen nach der Blüte im Juni durchzuführen. Gelegentlich ist auch auszulichten.

Sukkulente

Diese große Pflanzengruppe wächst in Halbwüsten und Steppen, wo lange Trockenperioden auftreten. Um überleben zu können, speichern diese Pflanzen das nur an wenigen Tagen im Jahr anfallende Wasser für die Monate dauernde Trockenzeit. Zu den Sukkulenten zählen auch die bekannten Kakteen. Unter den Sukkulenten gibt es eine Reihe von Arten, die als Bäume anzusprechen sind oder baumähnlich wachsen. Eine große Anzahl dieser Arten eignet sich zur Gestaltung als Zimmerbonsai. Der Kakteen- und Sukkulenten-Fachhandel bietet einen Großteil der nachfolgend aufge-

führten Pflanzenarten an. Einige werden auch schon als Bonsai gehandelt.
Standort: Helle, sonnige Fensterplätze, im Sommer auch im Freien. Als Bewohner trockener Gebiete vertragen sie wie keine andere Pflanzengruppe die trockene Zimmerluft zentralgeheizter Räume. Temperatur bei den meisten Arten nicht längere Zeit unter 12 °C.
Gießen: Eher werden Sukkulente zu Tode gegossen, als daß sie an Wassermangel leiden. Sukkulente als Bewohner trockener Gebiete fast nie zu gießen, ist aber ebenso falsch. Hochsukkulente Pflanzen können zwar vielfach jahrelange Trockenheit gefahrlos überstehen, wachsen und blühen können sie dann nicht. Eine allgemeingültige Gießregel läßt sich nicht aufstellen. Deshalb einmal kräftig gießen, wobei Staunässe vermieden werden sollte, Pflanzen mehrere Tage lang trocken halten und dann wieder gießen.

Einige sukkulente Pflanzen haben eine ausgesprochene Wachstums- und Ruheperiode, der vor allem beim Gießen Rechnung zu tragen ist. Sie bilden in der Regel normale Laubblätter aus, die mit Beginn der Wachstumsperiode erscheinen und bei Beginn der Trokkenperiode abfallen. Sobald die Blätter fallen, muß mit dem Gießen aufgehört werden. Zumindest wird nur soviel Wasser gegeben, daß die Wurzelfunktion erhalten bleibt. Zeigen sich die ersten Blätter, so ist wieder mit dem Gießen zu beginnen.
Düngen: Während der Wachstumszeit alle zwei Wochen 0,05%.
Umpflanzen: Alle zwei bis fünf Jahre zu Beginn der Vegetationsperiode. Als Erde verwende man eine Mischung aus krümeligem Lehm, Weißtorf und Bimskies (oder Sand) im Verhältnis 1:1:1. Je Liter Erde werden 2 g eines organischen Mehrnährstoffdüngers beigemischt.
Gestaltungsformen: Bei Sukkulenten können die traditionellen Bonsai-Gestaltungsformen nur Hilfestellung geben, man sollte sich grundsätzlich an den natürlichen Wuchsformen orientieren.
Gestaltung: Einen Großteil der Sukkulenten muß man unbeeinflußt von irgendwelchen Gestaltungsmaßnahmen wachsen lassen, damit ihre natürlichen Wuchsformen erhalten bleiben. Einige der stammsukkulenten Arten, die in ihren Heimatgebieten zu riesigen Bäumen heranwachsen, werden allein durch Schnittmaßnahmen gestaltet. Genauere Hinweise bei den einzelnen Arten.
Drahten: Bei sukkulenten Pflanzen nur in Ausnahmefällen zu empfehlen.

Empfehlenswerte Sukkulente

Adenium obesum. Verbreitet in den Trockengebieten des tropischen Afrikas, auf der Insel Sokotra und im südlichen Arabien. Eine mächtige bis 5 m hohe stammsukkulente Art. In der Jugend spärlich verzweigte Krone. Nur Sämlinge bilden verdickte Stammbasis. *Adenium* wird im Sukkulentenhandel oft auf Oleander gepfropft angeboten. Solche Pflanzen sind als Bonsai nicht geeignet. Wegen den herrlichen Blüten wird diese Art auch als Desert-Rose (Wüsten-Rose) bezeichnet. Laubabwerfend, Ruhezeit.

Crassula sarcocaulis ist eine dankbare Sukkulente für sonnige Standorte. Rechts: Monanthes muralis.

Crassula sarcocaulis. In Südafrika beheimateter kleiner, baumähnlicher Blütenstrauch mit knorrig aussehenden sukkulenten Ästen, locker verzweigt und dicht beblättert. Soll die Pflanze blühen, wird letztmalig im Mai– Juni gestutzt. Nach der Blüte Pflanze stark zurückschneiden. Sie wendet sich sehr stark dem Licht zu, deshalb die Pflanze täglich um 180° drehen. Stecklinge bewurzeln sich leicht.

Euphorbia. Die Gattung *Euphorbia* ist sehr formenreich, teils den Kakteen sehr ähnlich. Stellvertretend für viele Arten sei *E. balsamifera* genannt, die sich besonders gut als Bonsai eignet und auch schon im Bonsaifachhandel erhältlich ist. Beheimatet auf den Kanarischen Inseln. Sie ist reich verästelt, die Blätter sitzen in der Wachstumszeit an den Spitzen dichtgedrängt. *E. balsamifera* läßt sich sehr gut durch Stecklinge vermehren. Schnittmaßnahmen im allgemeinen nicht erforderlich, allenfalls um auszulichten oder um die Verzweigung anzuregen. Laubabwerfend, Ruhezeit.

Pelargonium. Die Gattung der Pelargonien (volkstümlich Geranie, Storchschnabel) zeigt mit ihren über 250 Arten in den trockenen Gebieten Südafrikas große Vielfalt. Stellvertretend für viele sukkulente Arten sei *P. cotyledonis* genannt. In ihrer Heimat Südafrika ein Zwergstrauch mit kurzen, dicken spärlich verästelten Stämmen, die während der Wachstumszeit von einem Blattschopf gekrönt sind. Vermehrt werden kann diese Art wie sämtliche anderen Pelargonienarten durch Stecklinge oder auch durch Samen. Zum Teil laubabwerfend. Ruhezeit.

Portulacaria afra. Besser bekannt unter dem Namen Pfennigbaum. In seiner Heimat Südafrika ein sparrig verzweigter Strauch, mit fleischigen, bis 5 cm dicken, graubraunen, rindigen Stämmchen. Die Gestaltung beschränkt sich auf ein Entfernen vom überflüssigen Trieben und das Stutzen von Neuaustrieben, wenn das Gesamtbild gestört ist. Verwechselt wird *P. afra* oft mit *Crassula arborescens* und ähnlichen *Crassula*-Arten. Sie haben im allgemeinen größere Blätter, eignen sich aber auch zur Bonsaigestaltung.

Sarcocaulon, Buschmannskerze, Dickstengel. Es sind kleine, bizarr aussehende dornige Sträucher mit kurzlebigen Blättern, deren sukkulente Sprosse in einen dicken, verdunstungshemmenden Korkmantel eingehüllt sind. Als Bonsai werden u. a. *S. herrei* und *S. pattersonii* (syn. *S. rigidum*) angeboten. Laubabwerfend, Ruhezeit.

Trichodiadema, das »Haar-Diadem«, wird seit einigen Jahren als Bonsai angeboten. Bei den Arten der Gattung *Trichodiadema* handelt es sich um ausdauernde Zwergsträucher oder niedrig bleibende Pflanzen mit meist verdickten, rübenförmigen oder knolligen Wurzeln und dünnen Trieben. Die fleischigen, gegenständig angeordneten, stielrunden oder halbstielrunden Blätter sind an ihrer Basis kurz miteinander verwachsen. Die Oberhaut (Epidermis) der Blätter ist zu wasserhaltigen Papillen umgebildet, die im Sonnenlicht wie Tautropfen glitzern. An ihrer Spitze tragen die Blätter einen Schopf von strahlig abstehenden, weißen oder schwärzlichen Borstenhaaren, die im Gegenlicht einem Diadem gleichen (daher der Gattungsname). Als Bonsai angeboten wird u. a. *T. bulbosum*, *T. calvatum* und *T. littlewoodii*.

Man setzt die Pflanze so in das Bonsaigefäß, daß ein Großteil des knolligen Wurzelstücks aus der Erde herausschaut. Die Gestaltung beschränkt sich auf ein ständiges Zurückschneiden der Äste. Im Sommer kann man das Haar-Diadem im Freien halten. Doch ist dann ein Schutz vor Regen notwendig. Im Winter ist ein kühler Stand erforderlich (10 bis 15 °C); die Pflanzen benötigen dann eine Trockenruhe und sollten wenig gegossen werden.

Neben den schon genannten Pflanzenarten gibt es noch eine ganze Reihe anderer sukkulenter Pflanzengattungen, die sich aufgrund ihres Erscheinungsbildes auch zur Bonsaigestaltung eignen. So z. B. Arten aus der Gattung *Commiphora* (Myrrhenstrauch) und Arten aus der Gattung *Obriculicaria*. Weitergehende Informationen über sukkulente Pflanzen ist der entsprechenden Sukkulenten-Literatur zu entnehmen.

Trachelospermum, Sternjasmin

Immergrüne, von Ostindien bis Japan beheimatete, windende Sträucher, deren Triebe und Blätter Milchsaft führen. Die Blüten sind weiß bis gelblich.
Standort: Hell bis sonnig, im Winter bei Temperaturen nicht über 18 °C.
Feuchtigkeit: Substrat gleichmäßig feucht halten.
Düngen: Frühjahr bis Herbst jede Woche, im Winter alle vier Wochen 0,05%.
Umpflanzen: Erstes Einpflanzen frühestens nach vier Jahren, Umpflanzen alle zwei Jahre. Erdmischung I.
Vermehren: Durch Stecklinge in den Frühjahrsmonaten. Aussaat möglich, Samen aber schwer zu beschaffen.
Gestaltung: Um selbsttragende gestaltungsfähige Pflanzen zu erhalten, muß im Jugendstadium oft gestutzt werden. Wachstum relativ langsam. Bei älteren gestalteten Pflanzen Schnittmaßnahmen nach der Blüte. *Trachelospermum* ist aufgrund der natürlichen Wuchseigenschaft besonders gut zur Gestaltung der Kaskadenform geeignet. Drahten im Frühjahr, spätestens nach sechs Monaten Draht entfernen.
Empfehlenswerte Arten: *T. jasminoides*, der eigentliche Sternjasmin, hat weiße, duftende Blüten. Die Form 'Variegatum' hat weißgerandete, bei kühlem Stand im Winter rot überlaufene Blätter. *T. asiaticum*: Blätter kleiner wie vorige Art, Blüten gelblichweiß duftend. *T. majus* (syn. *T. japonicum*) ist in Japan häufig als Bonsai.

Ulmus parvifolia, Chinesische Ulme

Die Chinesische Ulme ist im Fernen Osten, in China, Korea und Japan heimisch. Sie wird, obwohl bei uns winterhart, in der Regel als Zimmerbonsai angeboten. Interessant zur Bonsaigestaltung erscheint *U. parvifolia* wegen der guten Schnittverträglichkeit und den kleinen, glänzend dunkelgrünen, bonsaigerechten Blättern.
Standort: Hell, im Sommer besser im Freien, dort vor praller Sonne geschützt. Bei Überwinterungstemperaturen über 5 °C reagiert die Pflanze wie ein immergrünes Laubgehölz. Sie behält ihr Laub bzw. halten sich Laubfall und -zuwachs die Waage. Bei Temperaturen über 10 °C treiben die Pflanzen durch, was unter den zu dieser Zeit herrschenden schlechten Lichtverhältnissen zu Trieben mit langen Internodien führt, die in der Regel wieder entfernt werden müssen.
Feuchtigkeit: Den Ballen gleichmäßig feucht halten. Im Winter nur wenig gießen.
Düngen: Ab Austriebsbeginn im Frühjahr bis Ende August wöchentlich 0,1%
Umpflanzen: Erstes Einpflanzen nach zwei bis drei Jahren. Umpflanzen nur alle drei bis fünf Jahre. Erdmischung II.
Vermehren: Stecklinge im Juni/Juli.
Gestaltung: Jungpflanzen häufig stutzten, damit sich die typische feine und reiche Verzweigung entwickelt. Später sind die Triebe immer so weit zurückzunehmen, wie es die Gestaltungsform verlangt. Alle paar Jahre ist die Krone gut auszulichten. Gedrahtet werden kann ganzjährig.

Tabellen zur Pflanzenauswahl

Eigenschaften und Standortansprüche

Erläuterungen zur Tabelle

Besondere Eigenschaften
Blätter
Blattpflanze
o bedeutet: nicht in erster Linie Blattpflanze
Blüten
Blütenpflanze
o bedeutet: nicht in erster Linie Blütenpflanze
Früchte
Fruchtpflanze
o bedeutet: nicht in erster Linie Fruchtpflanze
Rinde
Pflanze mit besonders ausdrucksstarker Rinde

Standort
Süden
für Südfenster geeignet
o bedeutet: bedingt für Südfenster geeignet
Osten
für Ostfenster geeignet
o bedeutet: bedingt für Ostfenster geeignet
Westen
für Westfenster geeignet
o bedeutet: bedingt für Westfenster geeignet
Norden
für Nordfenster geeignet
o bedeutet: bedingt für Nordfenster geeignet
Freien
im Sommer für Standorte im Freien geeignet
o bedeutet: bedingt für Standorte im Freien geeignet

Winter
K bedeutet: im Winter sind Temperaturen von 5–15 °C optimal
T bedeutet: im Winter sind Temperaturen von 10–20 °C optimal
W bedeutet: im Winter sind Temperaturen von 15–25 °C optimal

Name	Besondere Eigenschaften				Standort					
	Blätter	Blüten	Früchte	Rinde	Süden	Osten	Westen	Norden	Freien	Winter
Acacia										
– *baileyana*	o	+			+	+	+		+	T
– *dealbata*	o	+			+	+	+		+	T
– *farnesiana*	o	+			+	+	+		+	T
– *karroo*	o	+			+	+	+		+	T
– *melanoxylon*	o	+		+	+	+	+		+	T
– *retinodes*	o	+			+	+	+		+	T
– *senegal*	o	+			+	+	+		+	T
– *verticillata*	o	+			+	+	+		+	T
Acca										
– *sellowiana*	+	+	+	+	+	o	o		+	K
Adenium										
– *obesum*		+		+	+					T, W

Name	Besondere Eigenschaften				Standort					
	Blätter	Blüten	Früchte	Rinde	Süden	Osten	Westen	Norden	Freien	Winter
Albizia										
– *julibrissin*	o	+			o	+	+		+	T
– *lophanta*	o	+			o	+	+		+	T
Arbutus										
– *andrachne*	+	+	+	+	o	+	+		+	K
– *menziesii*	+	+	+	+	o	+	+		+	K
– *unedo*	+	+	+	+	o	+	+		+	K
Bambusaceae	+			+		+	+		+	T
Bauhinia										
– *blankeana*	+	+			o	+	+			W
– *purpurea*	+	+			o	+	+			W
– *variegata*	+	+			o	+	+			W
Bougainvillea										
– *glabra*		+			+	o	o		+	K
– *spectabilis*		+			+	o	o		+	T
Brachychiton										
– *rupestris*	+			+	+	+	+	+	+	T
Buxus										
– *microphylla* var. *sinica*	+			+	+	+	+	+	+	K
Calliandra										
– *tweedii*	o	+			+	+	+		+	T
Callistemon										
– *citrinus*	o	+			+	+	+		+	T
– *macropunctatus*	o	+			+	+	+		+	T
– *salignus*	o	+			+	+	+		+	T
– *speciosus*	o	+			+	+	+		+	T
– *viminalis*	o	+			+	+	+		+	T
Camellia										
– *japonica*	o	+				+	+		+	K
– *reticulata*	o	+				+	+		+	K
– *sasanqua*	o	+				+	+		+	K
– *sinensis*	o	+				+	+			W
Casuarina										
– *equisetifolia*	+			+	+	o	o		+	T
– *stricta*	+			+	+	o	o		+	T
– *torulosa*	+			+	+	o	o		+	T

Name	Besondere Eigenschaften				Standort					
	Blätter	Blüten	Früchte	Rinde	Süden	Osten	Westen	Norden	Freien	Winter
× Citrofortunella										
– microcarpa		+	+		+	+	+		+	K, (T)
Citrus										
– aurantiifolia		+	+		+	+	+		+	T
– aurantium		+	+		+	+	+		+	K, (T)
– deliciosa		+	+		+	+	+		+	K, (T)
– limetta		+	+		+	+	+		+	K, (T)
– limon		+	+		+	+	+		+	K, (T)
– medica		+	+		+	+	+		+	K, (T)
– myrtifolia		+	+		+	+	+		+	K, (T)
– reticulata		+	+		+	+	+		+	K, (T)
– sinensis		+	+		+	+	+		+	K, (T)
– tangerina		+	+		+	+	+		+	K, (T)
Cneorum										
– tricoccon		+	+		+	+	+		+	K
Coprosma										
– baueri	+	+				+	+		+	K
– kirkii	+	+				+	+		+	K
Corokia										
– cotoneaster	+	+	+	+		+	+	o	+	K
– × virgata	+	+	+	+		+	+	o	+	K
Crassula										
– sarcocaulis	+	+			+				+	T, W
Cuphea										
– hyssopifolia		+			o	+	+		+	K
Cupressus										
– arizonica	+				+	o	o		+	K
– cashmeriana	+				+	o	o		+	K
– macrocarpa	+				+	o	o		+	K
– sempervirens	+				+	o	o		+	K
Dovyalis										
– caffra			+		+	+	+		+	K
Ehretia										
– microphylla	+	o	+		+	+	+		+	T
Eucalyptus										
– citriodora	+	+		+	o	+	+		+	T
– ficifolia	+	+		+	o	+	+		+	T
– eugenioides	+	+		+	o	+	+		+	T

Name	**Besondere Eigenschaften**				**Standort**					
	Blätter	Blüten	Früchte	Rinde	Süden	Osten	Westen	Norden	Freien	Winter
Eucalyptus										
– *gunnii*	+	+		+	o	+	+		+	T
– *pileata*	+	+		+	o	+	+		+	T
– *polyanthemus*	+	+		+	o	+	+		+	T
Eugenia										
– *myriophylla*	+	+			+	+	+		+	T
– *uniflora*	+	+	+	+	+	+	+		+	T
Euonymus										
– *japonica*	+					+	+	+	+	K, T
Euphorbia										
– *balsamifera*	+			+	+				+	T, W
Ficus										
– *benjamina*	+				+	+	+	o		W
– *buxifolia*	+		o		+	+	+			W
– *carica*	+		+		+	+	+		+	K
– *deltoidea*	+		+		o	+	+			W
– *microcarpa*	+		o		+	+	+		o	T, W
– *pumila*	+				o	+	+	+		K, T, W
– *palmeri*	+			+	+	+	+			T, W
– *religiosa*	+				+	+	+			W
– *subulata*	+				+	+	+		o	T, W
Fortunella										
– *hindsii*	o	o	+		+	+	+		+	K
– *japonica*	o	o	+		+	+	+		+	K
– *margarita*	o	o	+		+	+	+		+	K
Fraxinus										
– *griffithii*	+				o	+	+	o	+	K
Fuchsia										
– -Hybriden		+				+	+	o	+	K
– *lycioides*		+				+	+	o	+	K
– *magellanica*		+				+	+	o	+	K
– *minimiflora*		+				+	+	o	+	K
– *minutiflora*		+				+	+	o	+	K
– *thymifolia*		+				+	+	o	+	K
Gardenia										
– *jasminoides*	+	+			o	+	+		o	T
Hibiscus										
– *rosa-sinensis*		+			+	o	o		o	T, W
– *schizopetalus*		+			+	o	o		o	W
– *tiliaceus*		+			+	o	o		o	T, W
Holarrhena										
– *pubescens*		+			o	+	+			W

Name	Besondere Eigenschaften				Standort					
	Blätter	Blüten	Früchte	Rinde	Süden	Osten	Westen	Norden	Freien	Winter
Ixora										
– *stricta*	o	+			+	+	+			w
Jacaranda										
– *mimosifolia*	o	+			+	+	+		+	T
Jacobinia										
– *pauciflora*	o	+			+	+	+		+	K
Lafoensia										
– *punicifolia*		+			+	+	+		+	K
Lagerstroemia										
– *indica*		+		+	+	+	+		+	K
– *speciosa*		+		+	+	+	+		+	K
Leptospermum										
– *scoparium*		+		+	o	+	+		+	K, T
Ligustrum										
– *japonicum*	+				o	+	+	o	+	T
Liquidambar										
– *formosana*	+			+	o	+	+		+	K
Lonicera										
– *nitida*	+	+			+	+	+		+	K
Malpighia										
– *coccigera*	+	+	+		+	+	+			W
– *glabra*	o	+	+	+	+	+	+			W
Melaleuca										
– *hypericifolia*	o	+		+	o	+	+		+	K, T
– *leucadendra*	+	+		+	o	+	+		+	K, T
Murraya										
– *koenigii*	+		+	+	o	+	+			W
– *paniculata*	+	+	+	+	o	+	+			W
Metrosideros										
– *excelsa*	+	+		+	+	+	+		+	K, (T)
Myrciaria										
– *cauliflora*	+	+	+		o	+	+		+	T
– *jaboticaba*	+	+	+		o	+	+		+	T
– *trunciflora*	+	+	+		o	+	+		+	T
Myrsine										
– *africana*	+	o	+		+	+	+		+	K, T

Name	**Besondere Eigenschaften**				**Standort**					
	Blätter	Blüten	Früchte	Rinde	Süden	Osten	Westen	Norden	Freien	Winter
Myrtus										
– *communis*	+	+			o	+	+		+	K, T
Nandina										
– *domestica*	+		+		+	+	+		+	K
Nicodemia										
– *diversifolia*	+	o		+		+	+	+	+	T
Ochna										
– *serrulata*	o	+	+		o	+	+			W
– *kirkii*	o	+	+		o	+	+			W
– *multiflora*	o	+	+		o	+	+			W
Olea										
– *europaea*	+		+	+	+	+	+		+	K, T
Pelargonium										
– *cotyledonis*	+			+	+				o	T, W
Pinus										
– *pinea*	+				+	+	+		+	K
Pistacia										
– *lentiscus*	+				+	+	+		+	K
Pittosporum										
– *tenuifolium*	+	o		+	o	+	+		+	K, T
– *tobira*	+	+			+	+	+		+	K, T
– *undulatum*	+	+			+	+	+		+	K, T
Podocarpus										
– *falcatus*	+				+	+	+	+	+	K, T
– *glaucus*	+				+	+	+	+	+	K, T
– *gracilior*	+				+	+	+	+	+	K, T
– *macrophyllus*	+				+	+	+	+	+	K, T
– *nagi*	+				+	+	+	+	+	K, T
Polyscias										
– *balfouriana*	+					+	+	+		W
– *filicifolia*	+					+	+	+		W
– *guilfoylei*	+					+	+	+		W
Poncirus										
– *trifoliata*		o	+		+	+	+		+	K
Portulacaria										
– *afra*	+			+	+				o	T, W

Name	Besondere Eigenschaften				Standort					
	Blätter	Blüten	Früchte	Rinde	Süden	Osten	Westen	Norden	Freien	Winter
Punica										
– *granatum*	o	+	+		+	+	+		+	K
Quercus										
– *ilex*	+			o	+	+	+		+	K
– *suber*	+			+	+	+	+		+	K
Rhapis										
– *excelsa*	+				+	+	+	o	+	K, T, W
– *humilis*	+				+	+	+	o	+	K, T, W
Rhododendron										
– *simsii*		+			+	+	+		+	K, T
Rosmarinus										
– *officinalis*	+	+		+	+	+	+		+	K
Sageretia										
– *thea*	+			+	o	+	+		o	T
Sarcocaulon										
– *herrei*	+	+		+	+					T, W
– *pattersonii*	+	+		+	+					T, W
Schefflera										
– *actinophylla*	+					+	+	+		W
– *elegantissima*	+					+	+	o		W
Serissa										
– *japonica*	o	+				+	+		+	T
Sophora										
– *prostrata*		+			+	o	o		+	K
– *tetraptera*		+			+	o	o		+	K
Syzygium										
– *paniculatum*	+	+	+		+	+	+		+	T
Trachelospermum										
– *asiaticum*	+	+			o	+	+		+	K
– *jasminoides*	+	+			o	+	+		+	K
– *majus*	+	+			o	+	+		+	K
Trichodiadema										
– *bulbosum*		+		+	+				o	T, W
– *calvatum*		+		+	+				o	T, W
– *littlewoodii*		+		+	+				o	T, W
Ulmus										
– *parvifolia*	+			+		+	+	o	+	K

Verzeichnisse

Literaturverzeichnis

Behme, R. L.: Bonsai. Heyne Verlag, München 1993.

Grandjot, W.: Reiseführer durch das Pflanzenreich der Tropen. Verlag Kurt Schroeder, Leichlingen 1976.

Kawollek, W.: Das Zimmerbonsai-Buch. Tropische und subtropische Gehölze als Indoor-Bonsai. Verlag Eugen Ulmer, Stuttgart 1991.

Kawollek, W.: Das praktische Bonsai-Buch. Verlag Eugen Ulmer, Stuttgart 1992.

Kawollek, W.: Kübelpflanzen. Südländische Gehölze für die Kultur in Töpfen und Kübeln. Verlag Eugen Ulmer, Stuttgart 1995.

Kohlhepp, W.: Schöne Bonsais aus heimischen Gehölzen. Verlag Eugen Ulmer, Stuttgart 1995.

Lesniewicz, P.: Bonsai. Miniaturbäume. Verlag Bonsai-Centrum Heidelberg 1980.

Lesniewicz, P.: Bonsai für die Wohnung. BLV Verlagsgesellschaft, München 1994.

Lötschert, W., Beese, G.: Pflanzen der Tropen. BLV Verlagsgesellschaft, München 1992.

Rünger, W.: Licht und Temperatur im Zierpflanzenbau. Verlag Paul Parey, Berlin und Hamburg 1976.

Zeitschriften

Bonsai. Zeitschrift des Vereins europäischer Miniaturbaum-Freunde e. V. Bonsai Club Deutschland e. V., Clubbüro c/o Dietmar Schüler, Konviktstr. 1, 79098 Freiburg, Tel./Fax 0761/277110.

Gartenpraxis. Verlag Eugen Ulmer, Postfach 700561, 70599 Stuttgart.

Bezugsquellen

Zimmer-Bonsai und Jungpflanzen

Bonsai-Börse-Bremen, Wyck-Straße 11, 28213 Bremen, Tel. 0421/219842

Bonsai-Centrum Hannover, Hebbelstraße 67, 30179 Hannover, Tel. 0511/691222

Bonsaischule Enger, Hermann Pieper, Feldstraße 21, 32130 Enger, Tel. 05224/5879

Blumen-Schmid, Fuldatalstraße 26, 34125 Kassel, Tel. 0561/873891

Bonsai-Garten Gilserberg, Bahnhofstraße 57, 34630 Gilserberg, Tel. 06696/480

Bonsai Studio Müller, Spandauer Weg 16, 37085 Göttingen-Geismar, Tel. 0551/791177

Bonsai-Zentrum Wilfried Geßner Weseler Str. 333, 47495 Rheinberg-Barth

Bonsai Zentrum Münster, Dipl.-Ing. Wolfgang Klemend, Weseler Straße 57, 48151 Münster, Tel. 0251/526499

Prinsler & Werner, Eudenbachstraße 42, 53773 Hennef, Tel. 02248/2594

Bonsai-Zentrum Frankfurt, H. G. Rüger, Friedberger Landstraße 325, 60389 Frankfurt, Tel. 069/553724

Bonsai-Studio Kögler, Oranienstraße 12, 65185 Wiesbaden, Tel. 0611/400145

Kakteen May, Am Holzweg 17–21, 65830 Kriftel, Tel. 06192/41678

Gartenbau-Spezialkulturen Schwab-Stirnadel, Schwarzwaldstraße 80, 66482 Zweibrücken, Tel. 06337/92120

Bonsai-Centrum Heidelberg, Mannheimer Straße 401, 69123 Heidelberg, Tel. 06221/84910

Bonsai-Centrum München, Peter Czapka, Schleißheimer Straße 458, 80935 München, Tel. 089/3131026

Sämereien

Samenhandlung Albert Schenkel, Blankeneser Hauptstraße 53 a, 22587 Hamburg, Tel. 040/861697 oder 867275

Exotische Sämereien Blossfeld, Postfach 1550, 23504 Lübeck, Tel. 0451/67979

Spezialsämereien Gerhard Wißmann, Artilleriestraße 43, 49076 Osnabrück, Tel. 0541/682937

Spezialsämereien Lothar Seik, Pfalzgrafenring 2, 72119 Ammerbuch

Erde

Fruhstorfer Erde, Industrie-Erden-Werk Erich Archut, Postfach 50, 36341 Lauterbach, Tel. 06638/558 oder 727

Minsai

Gartenbaubetrieb Günther Demmel, Kolbermoorer Straße 7, 83043 Bad Aibling, Tel. 08061/30011

Bildquellen

Benz, W., Ketsch: Foto Seite 6, 10, 11, 55, 77, 107, 123, 134, 147, 163, 172

Die Umschlagfotos und alle übrigen Fotos von Wolfgang Kawollek, Kassel.

Sachregister

Sternchen * verweisen auf Abbildungen.

Meine Adresse:

Vorname/Name

Straße/Nr.

PLZ/Ort

Tel.-Nr. (für Rückfragen)

Diese Karte habe ich entnommen aus:

Das Buch hat mir gefallen ❑ ja | ❑ nein,

weil:

Ulmer

Bitte freimachen.

Antwort

Verlag Eugen Ulmer
Kundenservice
Postfach 70 05 61
70574 Stuttgart

Zeichnungen von Claudia Hosslin, Therwil (Schweiz)
Foto auf Seite 3: *Malphigio, coccigera*, Mehrfachstamm, 15 Jahre, 40 cm.

Die Deutsche Bibliothek - CIP-Einheitsaufnahme

Kawollek, Wolfgang:
Bonsai für das Zimmer / Wolfgang Kawollek. [Zeichn. von Claudia Hosslin]. – 5., völlig neu gestaltete und erw. Aufl. – Stuttgart (Hohenheim) : Ulmer, 1997
(Ulmer Taschenbuch ; 2)
ISBN 3-8001-6859-6
ISBN 3-8001-3574-4 (6. Auflage)

Wollgrasweg 41, 70599 Stuttgart (Hohenheim)
Printed in Germany
Lektorat: Gerhard Bley
Herstellung: Ursula Stammel
Satz: Typomedia Satztechnik GmbH, Ostfildern
Druck und Bindung: Georg Appl, Wemding